国家艺术基金资助项目优秀申报方案汇编（2024年度）

国家艺术基金管理中心　编

國家藝術基金

CHINA NATIONAL ARTS FUND

文化藝術出版社
Culture and Art Publishing House

图书在版编目（CIP）数据

国家艺术基金资助项目优秀申报方案汇编. 2024年度 /
国家艺术基金管理中心编. — 北京：文化艺术出版社，2023.4
ISBN 978-7-5039-7400-7

Ⅰ. ① 国… Ⅱ. ① 国… Ⅲ. ① 文化艺术—国家基金—基金项目—
方案—汇编—中国 Ⅳ. ① G123

中国国家版本馆CIP数据核字（2023）第048801号

国家艺术基金资助项目优秀申报方案汇编（2024年度）

编　　者　国家艺术基金管理中心
责任编辑　赵　月　董良敏　叶茹飞　魏　硕
责任校对　董　斌　邓　运
书籍设计　李　响　楚燕平
出版发行　文化艺术出版社
地　　址　北京市东城区东四八条52号（100700）
网　　址　www.caaph.com
电子邮箱　s@caaph.com
电　　话　（010）84057666（总编室）　84057667（办公室）
　　　　　84057696—84057699（发行部）
传　　真　（010）84057660（总编室）　84057670（办公室）
　　　　　84057690（发行部）
经　　销　新华书店
印　　刷　中煤（北京）印务有限公司
版　　次　2023年4月第1版
印　　次　2023年4月第1次印刷
开　　本　710毫米 × 1000毫米　1/16
印　　张　18.5
字　　数　260千字　图片58幅
书　　号　ISBN 978-7-5039-7400-7
定　　价　128.00元

前言

国家艺术基金经国务院批准，于 2013 年 12 月成立，是旨在繁荣艺术创作、打造和推广精品力作、培养艺术人才，推进国家艺术事业健康发展的公益性基金。国家艺术基金设立以来，始终坚持以习近平新时代中国特色社会主义思想为指导，聚焦举旗帜、聚民心、育新人、兴文化、展形象的使命任务，把满足人民精神文化需求和增强人民精神力量作为工作的出发点和落脚点，把创作生产优秀作品作为工作的中心环节，加强现实题材创作，鼓励提高原创力，注重发挥社会效益，倡导德艺双馨，资助创作了一批优秀作品，开展了一批品牌活动，培养了一批领军人才，有效激发了全民族文化创新创造活力，为繁荣发展社会主义文艺提供了有力支持。

项目申报是国家艺术基金资助管理工作的基础环节，申报材料的质量对立项评审以及在获得资助以后的项目实施都会产生重要影响。为提高策划创意项目能力、设计制定方案水平和申报材料质量，经征得相关艺术机构、单位和文艺工作者同意，结合专家评审情况，国家艺术基金管理中心从近 3 年来的申报材料中，精选了一批有典型性、代表性的材料作为案例，经整理后汇编成册，作为申报项目的参考。今后，我们还将逐年更新，以适应新的资助政策和申报要求，为申报主体提供更好的服务。

目　录

第一部分　大型舞台剧和作品创作资助项目

第二部分　小型剧（节）目和作品创作资助项目

第三部分　美术创作资助项目

第四部分　传播交流推广资助项目

第五部分　艺术人才培训资助项目

第六部分　青年艺术创作人才资助项目

第七部分　国家艺术基金（一般项目）2024年度资助项目申报指南

國家出版基金

舞台艺术创作资助项目

舞台艺术创作资助项目分为大型舞台剧和作品创作资助项目、小型剧（节）目和作品创作资助项目，资助坚持以习近平新时代中国特色社会主义思想为指导，深入贯彻落实党的二十大精神，坚持为人民服务、为社会主义服务，坚持百花齐放、百家争鸣，坚持创造性转化、创新性发展，围绕举旗帜、聚民心、育新人、兴文化、展形象，建设社会主义文化强国，自觉提升艺术创作的精神能量、文化内涵、艺术价值，着力体现观念和手段相结合、内容和形式相融合的深度创新，集成融合各种艺术要素和技术要素，凝聚文艺原创能力，经得起人民检验和评判，接地气、传得开、留得下，增强人民精神力量的优秀舞台艺术作品。

重点资助坚定文化自信、把握时代脉搏、聆听时代声音，自觉承担起记录新时代、书写新时代、讴歌新时代的使命，抒写中国人民奋斗之志、创造之力、发展之果，用心用情用功展示新时代新征程恢宏气象的重大现实题材作品，特别是当代题材作品；资助坚定历史自信，增强历史主动，秉承正确的历史观，把握历史进程和时代大势，反映中华民族的千年巨变，揭示百年中国的人间正道，弘扬伟大建党精神，弘扬以爱国主义为核心的民族精神和以改革创新为核心的时代精神，唱响昂扬时代主旋律的作品；资助深入挖掘中华优秀传统文化的思想观念、人文精神、道德规范，坚守中华文化立场，把艺术创造力和中华文化价值融合起来，把中华美学精神和当代审美追求结合起来，赋予其时代内涵和价值的作品。

第一部分

大型舞台剧和作品创作资助项目

评剧《蒲柳人家》

中国评剧院有限责任公司

2022 年度大型舞台剧和作品创作资助项目

评剧《蒲柳人家》

中国评剧院有限责任公司

2022 年度大型舞台剧和作品创作资助项目

一、主题思想

评剧《蒲柳人家》改编自刘绍棠同名小说，描绘了 20 世纪 30 年代中国共产党领导下的京东北运河抗日救亡运动的历史图卷。该剧以望日莲、周檎的爱情故事为主线，刻画了一群善良、友爱、讲情义、有担当的农民形象，群像式地展现了运河岸边蒲柳人家的爱恨情仇，表现了中华儿女自由豪迈、与人为善，关键时刻敢于挺身而出的责任意识和担当精神。在大运河儿女的家长里短、风土人情中尽显中华民族浩浩荡荡、生生不息的生命精神。

二、内容简介

当地首富董太师觊觎农家女儿望日莲的美貌，然而望日莲却心恋着童年玩

《蒲柳人家》剧照 1

伴——北大学生周檎，盼着周檎早日归来。周檎终于回来了，却说因为日军逼近华北，北平城的国立大学都要南迁，他要跟着学校远走南方，不知要过多少年才能回来。七夕那天，望日莲乞巧，发现自己纫不上针，顿时觉得自己和周檎的婚事难以成就。正伤心的时候，周檎却出现在了她的面前。作为一名共产党员，周檎没有随学校南迁，党组织安排他回家乡组建抗日武装。伪警官麻雷子奉董太师之命，要用两石玉米强买望日莲，又带人捉拿周檎，结果反被乡亲们合力除掉。望日莲和周檎有情人终成眷属。

三、艺术特色

（一）评剧《蒲柳人家》尊重原著风格，突破以往戏曲中“一人一事”的架构，突出散文的笔法、群像式的呈现，将京东北运河沿岸农村的独特风貌、民俗风情浓

《蒲柳人家》剧照 2

墨重彩地渲染出来。

（二）在音乐创作上，尊重戏曲本体，融合歌剧、音乐剧、曲艺等多种艺术形式，采用现实主义与浪漫主义相结合的艺术手法，有机融入了民谣、运河号子、京东大鼓等元素，丰富了音乐色彩。

（三）在舞美设计上，突出运河特色，强化水、蒲、柳等艺术意象元素，增强视觉效果，以体现运河的流动性和运河人家的勤劳质朴与智慧坚韧。

四、价值意义

（一）创作《蒲柳人家》是贯彻落实习近平总书记的重要指示精神，坚持以人民为中心的创作导向，深入生活、扎根人民，以高度的历史使命感推进大运河文化带建设，“保护好，传承好，利用好”并深入挖掘大运河文化的具体举措。

（二）做好大运河题材剧目创作是聚焦“一核一城三带两区”，推进北京全国文化中心建设的重要内容。

（三）该剧将由青年演员出演，充分展示中国评剧院新生代力量，展现各流派艺术风采，为青年表演人才的发展、培养剧种的中坚力量起到积极的推动作用。

五、前期准备情况

评剧《蒲柳人家》的创作已经征得刘绍棠家人同意，并获得了剧本改编授权。该剧自 2019 年立意采风到剧本创作完成历时三年，组织主创团队开展过 10 多次创作研讨会，不断打磨剧本，夯实基础，积极开展二度创作，目前已具备了投入创排的条件。

六、保障条件

（一）制度保障

中国评剧院有限责任公司建立了完善的剧目生产制度、财务管理制度。剧目生产制度明确了立项、创作、排演等各阶段的要求；财务制度是根据国家有关法律、法规、政策，按照“慎之又慎、细之又细”的原则，制定具体预算管理办法。

（二）创作团队保障

1. 文学统筹

刘锦云，国家一级编剧。北京人民艺术剧院原院长，曾任中国戏剧家协会副主席，现为中国戏剧家协会顾问。

2. 艺术策划

徐新华，国家一级编剧。江苏省盐城市原文广新局剧目工作室主任，全国文化

《蒲柳人家》剧照 3

系统先进工作者。作品曾获“五个一工程”优秀剧目奖、“文华大奖”等奖项。

3. 编剧

王新纪，国家一级编剧。北京京剧院编剧。作品曾获“五个一工程”优秀作品奖、“文华大奖”、“飞天奖”、“金鹰奖”等奖项。

4. 导演

王青，国家一级导演。上海京剧院导演。作品曾获“五个一工程”优秀作品奖等奖项。

5. 作曲

王亚勋，国家一级作曲。作品曾获“五个一工程”优秀作品奖等奖项。

6. 唱腔设计

刘文田，著名评剧作曲家。作品曾获“五个一工程”优秀作品奖、“文华大奖”等奖项。

戴锡英，国家一级作曲。作品曾获“五个一工程”优秀作品奖、“文华大奖”等奖项。

7. 舞美设计、灯光设计

伊天夫，教授，上海戏剧学院舞美系主任，博士研究生导师。作品曾获“文华大奖”等奖项。

8. 服装设计

潘健华，教授，上海戏剧学院博士研究生导师。作品曾获“五个一工程”优秀作品奖、“文华大奖”等奖项。

（三）资金保障

剧院已经通过改制专项扶持资金和其他自筹资金为评剧《蒲柳人家》的创作安排了配套经费。

（四）其他保障

剧院自有剧场为全国地方戏演出中心，可容纳观众 736 位。另设有 1 个排练厅和 1 个小剧场，总面积约 500 平方米。

七、实施计划

（一）创作生产

2022 年 1—2 月，与导演沟通，共同修改剧本。

2022 年 3—4 月，召开主创人员研讨会，开展唱腔设计、作曲、舞美、服装设计等工作。

2022 年 5—6 月，完成舞美、服装、道具制作，组织排练、准备首演。

（二）剧目演出

首演日期：2022 年 7 月 1 日。

1. 在全国地方戏演出中心首演 3 场。

2. 在北京市各区至少演出 7 场。

（三）结项验收

结项日期：2022 年 12 月 31 日。

完成国家艺术基金规定的 10 场演出，通过剧目演出推广，力争实现社会效益、经济效益双丰收。认真整理相关资料，严格开展专项审计，按照要求提交完整的结项验收材料。

音乐剧《绽放》

中国东方演艺集团有限公司

2022 年度大型舞台剧和作品创作资助项目

音乐剧《绽放》

中国东方演艺集团有限公司

2022 年度大型舞台剧和作品创作资助项目

一、主题思想

音乐剧《绽放》讲述了张桂梅从一个普通支教女青年，成长为丽江华坪女子高级中学校长，奉献在贫困山区教育第一线的感人故事。该剧塑造了一位敢为人先、负重前行、百折不挠，为热爱牺牲、为信仰奋斗的新时代基层教师形象，着重展现了张桂梅的个人情感、社会责任，讴歌了人民教师“潜心育人”的奉献精神和“立德树人”的使命担当，并以此向广大奋斗在一线教育的工作者致以最崇高的敬意。

二、内容简介

《绽放》以张桂梅为原型，根据真人真事改编而成，紧扣“奉献”与“改变”的主题，艺术化地演绎了家访、筹款、老师离开、逃学、战胜病魔等生动情节，从

《绽放》剧照 1

多个角度丰满地表现了张桂梅的不同侧面。全剧分为上、下两幕，每幕三场，共六场，围绕不同的矛盾构建和戏剧冲突，层层推进情节的展开。

第一场：与命运不屈抗争；

第二场：与学生家长以及当地现实情况的矛盾；

第三场：解决经济问题与自身尊严的矛盾；

第四场：解决老师离开等学校内部的矛盾；

第五场：解决不同学生的个性问题等师生矛盾；

第六场：与病魔顽强斗争。

三、艺术特色

在创作手法上，采用现实主义和浪漫主义相结合的艺术方法，采用多线条叙事方式，巧妙运用倒叙、插叙，将学生视角的故事和张桂梅老师视角的故事从视觉、听觉多层次展现，以一种全新的、开放式的思维方式铺开呈现，赋予时代楷模更强的个性和人情味。

在音乐风格上，融合古典、民族和现代流行音乐形式，为不同角色赋予不同的音乐风格和语汇，强调叙事性、抒情性、戏剧性，利用音乐剧的复式结构，宣叙与咏叹等多种调式手段，表达戏剧冲突、人物情感，渲染氛围。

本剧为主旋律题材，采用市场化运作，力图使观众满意、业界满意、张桂梅老师本人满意。为了让剧目能够长久地、广泛地演出下去，接地气、有时代感，从创作上就设计为“巡演友好型”，充满青春动感、爱和希望的故事。在塑造张桂梅老师“感动中国”“时代楷模”人物形象高度的同时，聚焦学校本身生活的挖掘，聚焦师生共同的奋斗与梦想。

四、价值意义

中国东方演艺集团以“国有大团、文化央企”的文化艺术品质和社会效益担当，集结优秀创作团队，与云南省文化和旅游厅联袂打造以感动中国、时代楷模——张桂梅校长为人物原型的音乐剧《绽放》，弘扬爱国、爱党、始终把党和人民放在心上，把希望和爱传递给下一代，坚韧不拔、自强不息的“燃灯精神”。

五、前期准备情况

2021 年 2 月本项目正式启动，经过数月的准备工作，目前已落实主创人员及部分主要演员，完成完整剧本及部分音乐的创作，舞美、灯光、服装、造型已完成第一版设计，已制订首演及第一轮巡演计划，完成各项成本核算及营收预算。

具体筹备情况如下：

2021 年 1 月，提出创意，确定方向，分析项目的可行性，筹备立项工作。

2021 年 2 月，集团领导及主创团队赴云南第一次采风。

2021 年 3 月，编剧完成剧本大纲。

2021 年 4—5 月，制作团队多次赴云南华坪与张桂梅老师沟通，确定授权。

2021 年 7—8 月，项目正式启动，召开多次制作会议，确定导演、主演及其他主创人选，制定严格的项目预算、演出日程，与中演、保利、聚橙等多家院线洽谈确定巡演方案。

2021 年 9 月，完成剧本完整大纲，完成部分音乐作曲、制作及小样录制；完成舞美、灯光、服装、造型的第一版设计；录制先行单曲 MV，教师节献礼张桂梅；主创团队第二次赴云南采风。

六、保障条件

（一）出品保障

音乐剧《绽放》由云南省文化和旅游厅、中国东方演艺集团有限公司出品，聚橙网络技术有限公司联合出品，由保利院线及聚橙院线共同负责首轮全国巡演运营。

（二）授权保障

主创人员多次赴云南拜访张桂梅老师，获得她本人的授权，同意将其人物形象艺术化处理搬上舞台。

《绽放》剧照 2

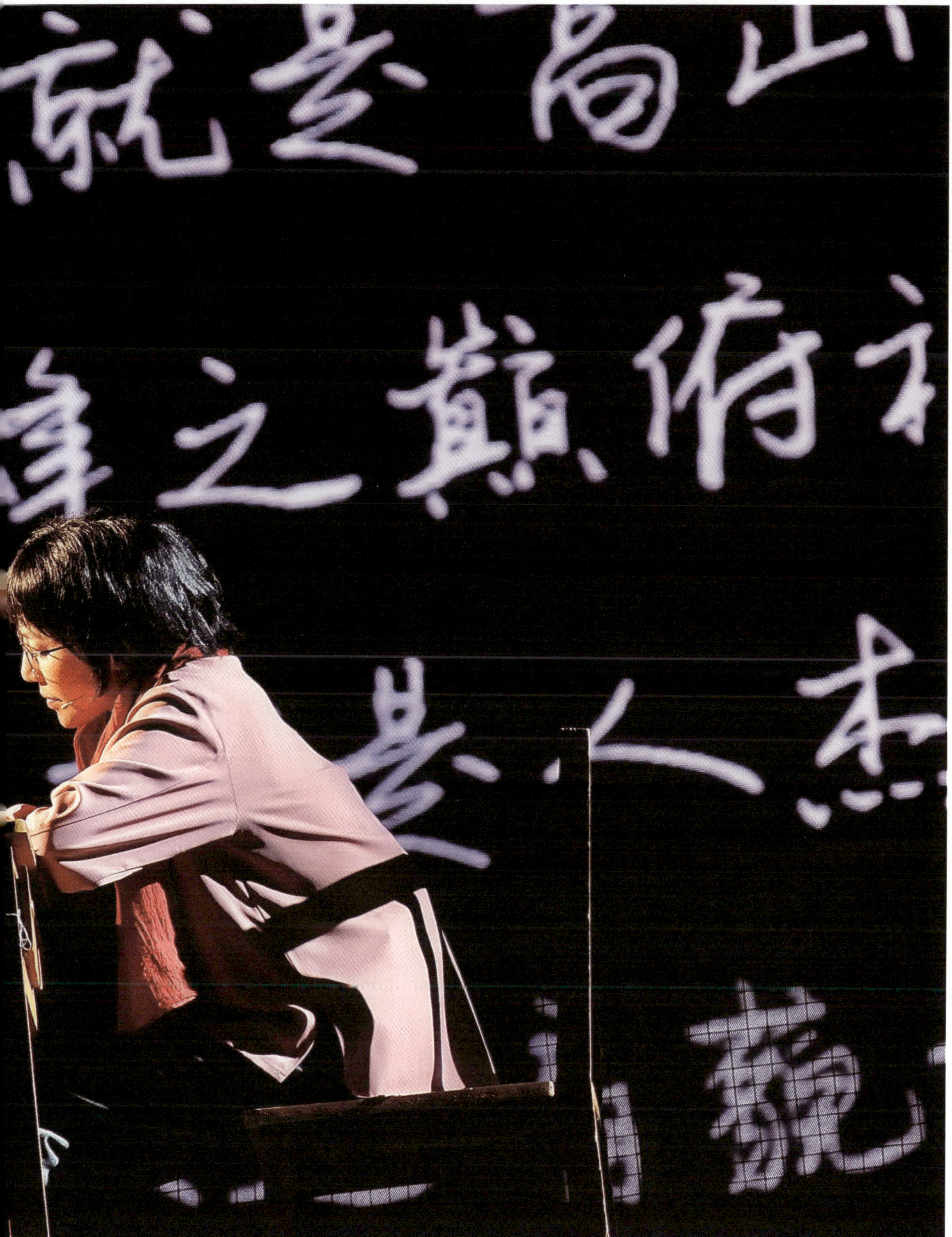
就是高山
之巅、俯
是人杰

（三）资金保障

本剧由中国东方演艺集团、云南省文化和旅游厅、聚橙院线共同出资，联合出品，目前已经达成了合作协议，并落实了前期创作资金。

（四）主创保障

本剧主创团队由活跃在国内音乐剧市场的一线专家、艺术家组成。

导演廖向红为中央戏剧学院原副院长、教授、博士研究生导师，曾获“金狮导演奖”“文华导演奖”，导演作品获“五个一工程”优秀作品奖等。

编剧冯必烈创作大型舞台作品30余部，获国家级、省级剧目和剧本奖项30余次。

作曲沈丹创作过《请你记得我的好》《九月的天》等流行音乐作品。

舞美、灯光设计邓文毕业于中央戏剧学院舞台美术灯光设计、视觉设计专业。2006—2016年任中央芭蕾舞团首席灯光设计。现为中国舞台美术学会灯光专业委员会专家组成员。曾获全国优秀剧目展演“最佳灯光设计奖”。

服装设计车成轩和造型设计杨春梓为中国东方演艺集团优秀的青年设计师。

（五）运营保障

中国东方演艺集团发挥其生产创作优势，把控作品的艺术质量；聚橙院线发挥其剧院演出优势，从演出成本核算到演出规划，把控作品的巡演运营；剧组秉行将专业的事情交给专业的团队，最大限度发挥剧组的能动性；字节跳动旗下优质的视频平台，将承担本剧的网络宣传推广工作等。

七、实施计划

（一）创作生产

2022 年 1 月 1 日至 8 月 31 日，采风、剧本创作、剧本朗读、音乐创作、音乐录制、演员邀约、公开选角、专家研讨、剧本音乐修改调整、服装道具舞美制作、建组排练、彩排合成等。预计 8 月底前完成工作坊、建组、落地排练及合成工作。

（二）剧目演出

首演日期：2022 年 9 月 10 日。

拟于 2022 年 9 月初于昆明演出 2 场，于国家大剧院、上海大剧院共演出 8 场，10 月开启全国巡演。

（三）结项验收

结项日期：2022 年 12 月 31 日。

顺利完成巡演计划，形成一定的社会影响力，取得良好的社会效益和经济效益。该剧将张桂梅老师的故事升华成一种“桂梅精神”进行传播，使观众感受到真、善、美，唤起社会大众对崇高理想、奉献精神的追求，作品具有艺术性和观赏性。

芭蕾舞剧《铁人》

辽宁芭蕾舞团

2022 年度大型舞台剧和作品创作资助项目

芭蕾舞剧《铁人》

辽宁芭蕾舞团

2022 年度大型舞台剧和作品创作资助项目

一、主题思想

芭蕾舞剧《铁人》通过讲述“铁人”王进喜的英雄故事，讴歌大庆精神，弘扬铁人精神，展现“铁人”质朴饱满的精神世界、真诚坦荡的人物性格和热血男儿“位卑未敢忘忧国”的家国情怀，塑造了“铁人”和万千石油工人为国家分忧解难、为民族争光争气、顶天立地的英雄形象，为早日甩掉祖国贫油落后的帽子，用顽强的生命和意志，自力更生、艰苦奋斗，在茫茫荒原上绘就了壮丽的生命画卷。

二、内容简介

《铁人》以王进喜为原型，以“铁人精神”为核心，以“铁人”生命最后时光中深深的眷恋和无尽思绪，串联起 60 年前那场在困难的时期、困难的地区、困难

《铁人》剧照 1

的条件下，打响的石油大会战。剧中主人公 1959 年在北京看到公交车的“煤气包”，因为国家严重缺油蹲在街头痛哭；1960 年参加东北松辽石油大会战期间的艰苦奋斗；1962 年困难时期用意志和体力带领工友们渡过难关；1966 年在暴风骤雨中带领钻井队坚持生产；1970 年胃癌晚期在天安门广场上与家人合影告别，年底去世。

三、前期准备情况

2019 年 9 月，全体主创赴大庆油田采风，先后在大庆、沈阳、北京召开主创工作会，研讨舞剧的创作思路。

2020 年 3 月，项目启动后，全体主创进入案头工作，几度修改剧本、音乐和舞美框架。

2020 年 10—12 月，主创团队多次召开创作会，秉承稳扎稳打、精益求精的创作态度，商讨确定设计方案，完成舞美、服装和音乐小样，下一步将做好细节调整。

《铁人》剧照 2

2021 年 2 月底，将完成一度创作并开始排练，计划 7 月在辽宁大剧院首演，并赴北京国家大剧院演出。

四、保障条件

（一）创作团队保障

芭蕾舞剧《铁人》作品由辽宁省公共文化服务中心出品，辽宁芭蕾舞团与辽宁歌舞团联手演出。

《铁人》的主创团队大多与本团有成功合作经验。总编导王勇、陈惠芬已经与本团联合创排了《八女投江》和《花木兰》两部优秀作品，并获得了“五个一工程”优秀作品奖、“文华大奖”。舞美设计高广健为国家大剧院的舞美总监，创作作品多次获得国内外重要奖项。演员为辽宁芭蕾舞团和辽宁歌舞团演员，经过多年发展，两团拥有技艺精湛、数量充足的演员队伍，团队呈现艺术人才均衡发展、人才梯队不断完善的良好态势。全体演职人员将全力保证创排时间、舞台效果和演出质量，确保精益求精，把优秀的艺术作品和精良的人才队伍展示给国内外观众，将“铁人精神”发扬光大。

（二）市场宣传保障

作为辽宁省公共文化服务中心的直属单位，辽宁芭蕾舞团和辽宁歌舞团拥有进校园、下基层、院线巡演、商业巡演、出访演出等方面的丰富经验。秉承艺术院团的文化责任，两家院团多年来一直积极从事高水平艺术作品的普及和推广工作，受委派或邀请参加出访交流演出，把优秀剧目和作品送进校园和基层，深受广大人民群众的欢迎。

《铁人》无论在艺术形式上，还是作品主题思想上，能够适应广大的演出市场。本团将努力打造一部受广大观众欢迎的艺术作品，既能展现舞蹈艺术之美，又能传播正能量、弘扬时代精神，带给观众历史和文化的心灵滋养。

五、实施计划

（一）创作生产

实施日期：2021 年 2 月 18 日至 2022 年 6 月 7 日。

前期采风和剧本创作，召开创作会，确定舞美服装设计基调，统一风格，完成音乐设计小样，确定舞美、服装、灯光、多媒体设计方案，进行精细加工。

2021 年 2 月，入场排练。

（二）剧目演出

首演日期：2022 年 6 月 10 日。

2022 年 6 月 10—11 日于辽宁大剧院首演；

7 月 23—24 日于深圳滨海艺术中心、7 月 29—30 日于广州大剧院、8 月 5—6 日于湖南大剧院、8 月 12—13 日于湖北剧院，总计 10 场演出。

（三）结项验收

结项日期：2022 年 12 月 31 日。

本团将力争创作出一部贴近观众、契合时代精神的优秀舞剧作品，经过不断演出、不断打磨后，成为一部拥有长久生命力的精品力作。

话剧《大道》

广州话剧艺术中心有限公司

2022 年度大型舞台剧和作品创作资助项目

话剧《大道》

广州话剧艺术中心有限公司

2022 年度大型舞台剧和作品创作资助项目

一、主题思想

话剧《大道》是在“人类命运共同体”的立意下，以科技自立为主题，以大湾区建设为背景，从中国通信科技代表企业的发展切入，观照中华民族复兴的探索之路。在大湾区建设背景下，以中国通信发展的代表企业“国讯”为窗口，从中国通信发展三十多年的缩影中，看见中华民族源远流长的文明积淀与大智慧。从对一个企业家的观照，对一个企业的观照，对高新科技行业自主创新崛起的观照，体现民族复兴的独立发展之路中蕴藏的从探寻到领跑的智慧，展现了在科技自立、科技强国的新时代进程中，党领导人民奋进的新征程。

《大道》剧照 1

二、内容简介

商业没有国界，但是商人都有祖国。浸润自岭南文化的开放包容，崛起于广东沿海的前沿先机，从被骗 200 万元导致妻离子散的荒谬人生，到领军中国电信企业一枝独秀的掌门人；从白手起家拼一部部电话的业绩，到领衔独立创新的高科技新贵；从潜入国际市场的蛰伏积淀，到与美国巨头交锋一鸣惊人的科技竞争……尤道生和他所领导的“国讯”“国讯人”所经历的，正是中国三十多年通信科技智慧闪光、飞跃发展的历史阶段。这闪光的背后却是昔日战友的背离、居安思危的忧虑和满是苍凉的艰辛。于磨难中强大自我，尤道生带领“国讯”始终站在理性思维的高度，回望其发展的不足，更加坚定了唯有科技自立方能自救的信念。

《大道》剧照 2

三、艺术特色

（一）相较于传统的戏剧叙述方式，该剧在“叙述体”的创作基础上，采用了三条叙述线齐头并进的展开方式，共同构成《大道》独特的戏剧性。

（二）牢牢把握现实主义创作方法，紧贴生活，敏锐地捕捉到了生活中最本质、最先进、最能够代表这个时代的元素，将现实主义的精髓与意象化的表达相结合，用当代的思辨表现当代生活。

（三）戏剧呈现上，充分发挥五层超高舞台的空间张力，从最低层到最高层的大跨度运用，同时借用丰富的多媒体技术，形成了视觉形象和听觉形象在力度和节奏上强烈而鲜明的对比。

四、价值意义

《大道》采用了“科技自立”这个当代题材予以创作，其内涵具有极为深刻的现实意义和思辨魅力。这是一个“现在进行时的作品”，它的续篇发生在这个时代的真实生活里，发生在粤港澳大湾区的建设蓝图中。现代人的生活离不开移动通信，其背后蕴含着数不清的闪光智慧。从 1G 到 5G 的演进，是一部波澜壮阔的移动通信史，也是中国科技从无知到懵懂，从跟随到领跑，不断迈进、不断突围的奋斗史。因此，它的演出将与观众产生直观、紧密的现实联系并形成一种互动。观众通过剧场观演，不仅能感受到科技强国、民族复兴的伟大征程，也将通过戏剧的联想与衍生感受到“现在进行时”的生活远比戏剧本身要丰富得多、宏伟得多。

五、前期准备情况

话剧《大道》拟于 2021 年完成创排工作，7 月进行 2 场试演，计划于 2022 年开展新一轮的正式演出。

2021 年 4 月，剧本创作定稿；

2021 年 5—6 月，建组创排；

2021 年 7 月 11—23 日，三水文化活动中心进行剧场装台、合成；

2021 年 7 月 24 日，《大道》彩排演出（三水文化活动中心）；

2021 年 7 月 25 日，《大道》内部演出（三水文化活动中心）；

2021 年 7 月 27—29 日，广州大剧院装台、走台；

2021 年 7 月 30—31 日，广州大剧院演出 2 场；

2021 年 7 月 31 日，专家研讨会；

2022 年 2 月 16 日至 3 月 16 日，复排，修改提高；

2022 年 3 月 17—27 日，演出 10 场；

2022 年 4—6 月，验收结项。

六、保障条件

（一）广东省重点创作项目，庆祝建党百年大型舞台艺术精品剧目

话剧《大道》由广东省文化和旅游厅、中共广州市委宣传部、广州市文化广电旅游局出品，广州话剧艺术中心创作演出。该剧是 2021 年广东省的重点创作剧目、精品展演剧目，2021 年广州艺术季的重点演出剧目。《大道》在立项、创排和实施演出的各个阶段均有着坚实的支持与开展保障。

（二）专业话剧院团集结一级主创团队，强强联合，打造大型原创精品

广州话剧艺术中心作为广州市属八大艺术院团之一，是历史悠久的专业话剧创作和演出单位，在剧目的创作生产上有着专业规范的实施保障，坚持高品质审美追求。

剧目主创团队集结了国内相关领域的优秀人才，以确保剧目的艺术水准。编剧喻荣军为上海文广演艺集团副总裁、国家一级编剧、上海话剧艺术中心艺术总监；导演王筱頔为广州话剧艺术中心董事长、艺术总监、国家一级导演；舞美设计季乔为国家一级舞美设计师、中国舞台美术学会副会长；灯光设计邢辛为中国国家话剧院一级灯光设计、文化和旅游部优秀专家；服装造型设计李锐丁为上海锐丁服装设计中心艺术总监；视频设计胡天骥毕业于中央美术学院壁画系及法国 LISAA 动画学院，从事 CG 影视后期特效舞台多媒体互动影像工作；作曲于力毕业于星海音乐学院作曲系。此外，还有广州话剧艺术中心的 17 名优秀演员参演，核心人物与众多角色相互转换，呈现一个时空交错的历史浮影。

七、实施计划

（一）创作生产

实施日期：2022 年 2 月 16 日至 3 月 16 日。

根据前期演出反馈及专家意见，进行新一轮的咨询、研讨，就演员、舞美设计、制作需求等一系列问题进行多次主创会议，就会议产生的各项结果进行资料收集、准备工作。

1. 演出调整方案确定；
2. 主创进人；
3. 演出调整；
4. 舞美、服装、音乐、视频等设计修改、调整及制作等展开；
5. 实施排练；
6. 新闻发布会及宣传。

（二）剧目演出

首演日期：2022 年 3 月 17 日。

1. 计划 10 场演出，含公益性演出。

2. 收集专家、戏迷、媒体等对剧目演出的评价，寻找新的话题，进一步宣传推广。

3. 进行密集性演出，通过商演、惠民、学生场、演后谈、艺术讲座等形式增强剧目影响力。

4. 在此轮演出基础上，联系并计划之后的巡演或复演计划。

（三）结项验收

结项日期：2022 年 12 月 31 日。

结算该轮演出的收益、成本；收集观演回馈及演出评价；总结各项演出准备、实施工作情况。

1. 核算票房收益与演出成本的分布及支出。

2. 收集存档专家、戏迷等反馈，组织主创、演职人员等召开总结会，不断完善剧目。

民族管弦乐
《丝竹里的江南》

苏州民族管弦乐团有限公司

2020年度大型舞台剧和作品创作资助项目

民族管弦乐《丝竹里的江南》

苏州民族管弦乐团有限公司

2020 年度大型舞台剧和作品创作资助项目

一、主题思想

民族管弦乐《丝竹里的江南》是为贯彻落实坚持与时代同步伐、坚持以人民为中心、坚持以精品奉献人民、坚持用明德引领风尚的要求，围绕“中国梦”时代主题，以江南文化、中国故事为主要内容，以民族音乐管弦化、交响化为艺术表现形式，对中华音乐传统文化进行创造性转化与创新性发展，精心创作的一部讴歌党、讴歌祖国、讴歌人民、讴歌英雄的民族管弦乐作品，奏响时代主旋律。

二、内容简介

作品通过丝竹交响演绎中国故事、江南情韵，由 4 个部分组成。

《丝竹里的江南》乐团合照

《丝竹里的江南》现场演出照片

（一）《烟雨枫桥》

曲名取自唐代杜牧“暮烟疏雨过枫桥”。在隐约的苏州评弹与昆曲元素的几丝韵味穿引下，通过缥缈、清雅、梦幻、浪漫、激越的音乐历程，描绘出作者心中的那座在朦胧色彩中令人神往的千年枫桥，抒发其爱家乡、爱祖国的深厚感情。

（二）《干将莫邪》

故事源自中国古代神话传说《干将莫邪》。此部分主要突出作品情绪与精神表达，围绕着一刚一柔分别代表干将与莫邪的两个主题展开全曲。作品揭露了封建暴君残害人民的血腥罪行，突出地表现了我国古代劳动人民反抗压迫的英雄壮举。

（三）《四季留园》

此部分以苏州的春夏秋冬不同的韵味为主基调，以优美、丰富、多变的曲调，呈现春的盎然、夏的奔放、秋的浪漫、冬的雅致。作品描绘了被喻为“人间天堂”的姑苏美景，歌颂苏州人民因改革开放过上幸福美好的生活，表达人民群众对党、对祖国、对生活的热爱。

（四）《丝竹交响》

音乐取自江苏民歌《姑苏风光》，仿佛听到太湖的船歌、寒山寺的钟声、庭院中的评弹和江南水乡的浪花，表达对新时代江南水乡的赞美，以及苏州人民深爱故乡之情感，体现了中华儿女强烈的民族自豪感。

三、艺术特色

（一）江南丝竹、江南情韵

江南丝竹、昆曲、苏州评弹是苏州传统文化艺术的代表，被列为国家级非物质文化遗产，其历史悠久、异彩纷呈，是江南地区劳动人民智慧与艺术才华的结晶，中国传统音乐文化的重要组成部分。作品以江南丝竹为基础，融合昆曲、苏州评弹等艺术表现元素，以江南丝竹、江南音乐演绎江南情韵，彰显江南特色，为传承与弘扬江南文化做出了贡献。

（二）中国故事、中国气派

创作团队“深入生活、扎根人民”，深入挖掘江南文化和中华历史人文内涵，深刻体验人民群众的生产生活与精神世界，努力创作一部讲述中国故事，彰显中国气派，代表中国形象的原创音乐作品。

（三）时代交响、时代创新

作品坚持创造性转化、创新性发展，探索管弦乐和中国民族音乐相融合的表达方式，在中国乐器与中国曲风的基础上，用交响乐语言对传统民族音乐进行创新诠释与表达，适应新时代欣赏者的需求与趣味，符合时代发展与国际潮流。

四、价值意义

（一）作品品质跻身全国前列

作品达到了思想性、艺术性、欣赏性有机统一，综合品质在全国原创作品中出类拔萃。

（二）演绎质量追求业界标杆

作品演奏团队凭借对作品的深刻理解和再创造处理，以及精湛的艺术水准和精彩的艺术表现，为民族音乐界所高度认可，不断向业界标杆靠拢。

（三）社会影响成为时代品牌

作品通过在海内外不断的巡演实践、艺术品质的不断打磨、社会宣传的不断深入，其品牌形象得以确立并不断提升，成为新时代中国民族音乐的品牌之一。

五、前期准备

（一）基层采风

乐团多次组织知名音乐家、作曲家赴苏州采风，在苏州的人文历史、传统音乐、百姓生活中挖掘素材、汲取灵感，为艺术创作打下基础。

（二）艺术研讨

乐团多次组织召开艺术研讨会，共商委约创作曲目的题材选择、表现形式、曲式结构、艺术风格及创作日程等内容。

（三）精心创作

乐团的委约作曲家历时一年多时间，潜心创作，《丝竹里的江南》终于出炉。

（四）演出实践

乐团通过一系列作品在海内外巡演的演出实践，让作品在指挥家、演奏家的演绎中，在广大观众的鉴赏中，反复接受检验，寻找提升的空间。

（五）优化提升

乐团的委约作曲家认真观摩作品的每一场演出，虚心听取指挥家、演奏家及人民群众的意见，不断修改作品，提升艺术品质。

六、保障条件

（一）政府保障

苏州民族管弦乐团是苏州市、高新区两级共建的市级职业乐团，市、区两级党委政府对该作品创作与演出高度重视，在政策、经费、人力、演出与出境审批手续方面给予了大力支持。

（二）资金保障

苏州民族管弦乐团作为市、区两级共同出资的国有文艺院团，在年度预算中设立了艺术创作的专项经费，为作品创作、排练、演出与持续提升提供了部分资金保障。

（三）人才保障

作品通过委约李滨扬、张朝、王丹红、刘长远等作曲家进行创作，彭家鹏担任指挥，朱昌耀为艺术指导，乐团首席和各声部首席以及全体演奏员由海内外知名演奏家及国内专业音乐学院的优秀毕业生组成。一流的艺术团队，确保作品一流的艺术水准。

（四）机制保障

苏州民族管弦乐团通过多年的委约创作实践，摸索了一套相对成熟的做法，形成了具有乐团特色的委约创作制度，为后续的艺术创作提供了机制保障。

（五）品牌保障

该作品已列入江苏省舞台艺术精品工程及文化和旅游部创作扶持计划。本团曾赴美国、俄罗斯及欧洲多国参加文化交流演出，各类作品以独特的定位与优秀的品质，得到了国内外主流媒体广泛报道，赢得了国内外专家、观众及媒体的高度评价，形成一定的品牌效应。我们将继续推动作品在海内外演出，助力中国民族音乐走向世界，彰显当代中国文化自信。

七、实施计划

（一）创作生产

实施日期：2021 年 1 月 1 日至 8 月 31 日。

2017 年下半年，与委约作曲家先后签订协议；

2017 年 12 月至 2018 年 5 月，委约作品陆续交稿；

2018 年下半年，先后进入排练；

2019—2021 年，进入作品修改、完善、再排练阶段。

（二）剧目演出

首演日期：2021 年 9 月 13 日。

“‘华乐苏韵’大型民族管弦乐音乐会”将作为“苏州民族管弦乐团 2021—2022 音乐季”重点项目，计划在海内外巡演不少于 8 场，其中：

1. 上海、南京等国内城市巡演不少于 6 场；

2. 在中国港澳台地区或欧美等国家巡演不少于 3 场；

3. 在演出实践中听取专家、观众意见，再行修改完善。

（三）结项验收

结项日期：2021 年 12 月 31 日。

舞台艺术创作资助项目

舞台艺术创作资助项目分为大型舞台剧和作品创作资助项目、小型剧（节）目和作品创作资助项目，资助坚持以习近平新时代中国特色社会主义思想为指导，深入贯彻落实党的二十大精神，坚持为人民服务、为社会主义服务，坚持百花齐放、百家争鸣，坚持创造性转化、创新性发展，围绕举旗帜、聚民心、育新人、兴文化、展形象，建设社会主义文化强国，自觉提升艺术创作的精神能量、文化内涵、艺术价值，着力体现观念和手段相结合、内容和形式相融合的深度创新，集成融合各种艺术要素和技术要素，凝聚文艺原创能力，经得起人民检验和评判，接地气、传得开、留得下，增强人民精神力量的优秀舞台艺术作品。

重点资助坚定文化自信、把握时代脉搏、聆听时代声音，自觉承担起记录新时代、书写新时代、讴歌新时代的使命，抒写中国人民奋斗之志、创造之力、发展之果，用心用情用功展示新时代新征程恢宏气象的重大现实题材作品，特别是当代题材作品；资助坚定历史自信，增强历史主动，秉承正确的历史观，把握历史进程和时代大势，反映中华民族的千年巨变，揭示百年中国的人间正道，弘扬伟大建党精神，弘扬以爱国主义为核心的民族精神和以改革创新为核心的时代精神，唱响昂扬时代主旋律的作品；资助深入挖掘中华优秀传统文化的思想观念、人文精神、道德规范，坚守中华文化立场，把艺术创造力和中华文化价值融合起来，把中华美学精神和当代审美追求结合起来，赋予其时代内涵和价值的作品。

第二部分

小型剧（节）目和作品创作资助项目

独幕剧《老鼠嫁女》

济南市儿童艺术剧院

2020 年度小型剧（节）目和作品创作资助项目

独幕剧《老鼠嫁女》

济南市儿童艺术剧院

2020 年度小型剧（节）目和作品创作资助项目

一、主题思想

独幕剧《老鼠嫁女》改编自中国传统民间故事，观众主要面向少年儿童。该剧富于故事性，情节简单，寓意深刻，通俗易懂，将“金无足赤，人无完人”，既要看到事物的长处，也要理智地发现其不足之处，从而避免盲目崇拜的道理艺术化地传递给儿童观众。

二、内容简介

老鼠王国遭受猫的威胁，鼠大王年事已高，看着日渐落魄的国家力不从心，他想把唯一的女儿嫁给最厉害的英雄，重振王国昔日雄风。鼠公主不愿“盲婚哑嫁”，她早已有了心上人——鼠来宝，但鼠大王认为他只是一只普通小老鼠，不足以担当

《老鼠嫁女》剧照 1

大任。于是鼠大王和鼠王后跋山涉水、历尽艰辛去外面寻找“最伟大的人”，以解除猫的威胁。

鼠大王和鼠王后先是遇到了太阳，可是乌云遮住了太阳，一阵风吹散了乌云，墙又挡住了风的去路，但是鼠来宝却能给墙挖个大洞。鼠大王和鼠王后没有找到“最伟大的人”，他们返回老鼠王国时，正赶上花猫进入鼠洞，鼠大王不敌花猫，众小鼠也束手无策，正在危急关头，鼠来宝和鼠公主依靠智慧成功吓跑了花猫，拯救了鼠王国。

经此一事，鼠大王和鼠王后才明白不能以貌取人，在保卫鼠国的战斗中，鼠国上下齐心协力，密切配合，终于取得最后的胜利。鼠大王、鼠王后也发现鼠来宝就是“最伟大的人”，于是将鼠公主嫁给了它。

彩票公益金资助——中国福利彩票和中国体育彩票　国家艺术基金舞台艺术创作资助项目
國家藝術基金
國家藝術基金
CHINA NATIONAL ARTS FUND
老鼠嫁女
The Marriage Of A Mouse
济南市儿童艺术剧院创作演出

《老鼠嫁女》宣传海报

三、艺术特色

（一）与戏曲艺术融合

本剧借鉴京剧《春草闯堂》抬轿一折、《闹地府》大头鬼一折、《大闹天宫》偷桃一折等无语言的程式化表演，与戏曲的艺术形式有机融合，使作品更具韵味。

（二）与多种传统文化形式融合

在舞美、服装造型和道具设计上，吸收木版年画、山东剪纸、潍坊风筝、粮食画等艺术元素；在舞台表演中，借鉴舞狮、商河鼓子秧歌等表现形式；在音乐设计上，吸收山东快书、山东琴书、济南皮影的音乐风格，配以京剧曲牌、山东民间音乐曲调，运用唢呐、古筝、琵琶等中国传统民族乐器，实现了中华优秀传统文化的有机融合。

（三）肢体剧的表现形式

采用肢体剧的形式讲故事，发挥肢体表现优势，通过夸张的表情和动作、强烈的色彩对比，将心理活动、情绪等都外化在儿童观众面前。

四、价值意义

本剧是儿童剧的创新形式，充分发挥肢体剧灵活生动、充满趣味性的特点，找准了儿童接受理解的契合点、兴趣点，以艺术的形式，在潜移默化中开展中华优秀传统文化教育。本剧迎合儿童的兴趣爱好，寓教于乐，提升孩子的品质素养。

本剧自创排以来共演出 100 余场，深受儿童观众喜爱，也得到了家长、老师的称赞，获得了良好的社会反响。

《老鼠嫁女》剧照 2

群舞《田埂上的歌》

广西艺术学院

2020年度小型剧（节）目和作品创作资助项目

群舞《田埂上的歌》

广西艺术学院

2020 年度小型剧（节）目和作品创作资助项目

一、主题思想

群舞《田埂上的歌》巧妙运用扁担和凳子的各种变化，以及生动的舞台调度在舞台空间营造一幅田埂上壮乡女子欢乐的劳作之景，呈现一幅美丽的壮乡田园欢歌。舞蹈表现了壮乡女子的勤劳质朴之美，反映了壮乡人民的幸福感和获得感，歌颂了壮族人民乐观向上、团结和睦的民族精神。

二、内容简介

作品通过舞蹈语汇描绘了一群壮乡女子日出而作、日落而归的生活劳作景象。田埂上挑担的女子，田埂下插秧的女子，田埂上依偎憩息的女子，田埂上打扁担的女子……劳作闲暇，她们抄起扁担上下左右互击翻飞，击打出铿锵嘹亮的“噼噼啪

《田埂上的歌》户外实景演出

啪”，这扁担的歌声，节奏明快、悦耳动听，犹如在唱一首热烈的田园欢歌，一首壮家儿女丰收喜悦之歌，一首独特的农耕文化之歌。

三、艺术特色

（一）以传统舞蹈为创作素材彰显文化根性，折射民族的精神气质

“壮族扁担舞”是流行于广西红水河流域一带的蓝衣壮支系的传统民间舞蹈，也叫“打扁担”，被誉为“广西民间舞蹈一枝花”。该舞由唐代的春堂舞演变而来，表现插秧、打谷子、犁田、打牛、水车等劳动情景，舞蹈动作具有典型的壮族农耕

《田埂上的歌》剧照

文化特色。群舞《田埂上的歌》立足本土，扎根生活，充分利用地方传统文化资源进行艺术创新，实现少数民族优秀传统文化的创造性转化和创新性发展。

（二）独特的表现形式彰显民族特性与民间本色

在我国少数民族民间舞蹈中，扁担互击是一种独特的艺术表现形式。运用时、空、力的变化，形成画面上的高低错落有致；扁担击打时不断变化的节奏点，丰富激烈，铿锵有力，伴随着山歌、鼓点、呐喊，奏出一首热情奔放的劳动交响曲。扁担舞的新、奇、特，具有强烈的民族特色和生活气息，以这种独特表现形式创作的作品，彰显了民族特性和民间本色。

（三）扁担精神体现的思想内涵性

作品表现了一种特有的凝聚力，是壮族人民内在精神的外化表现。编导抓住扁担击打背后的文化特征，通过扁担交织的画面，形成不同的交织图案及打法，艺术再现了壮家农耕生活之景。另外，运用人数不断叠加的击打方式，表现了人越多扁担则越打越欢的场景，叠加的艺术手法表现了壮族人民团结和睦的民族精神，凸显了鼓舞人心的扁担精神。

四、价值意义

（一）唤醒壮族人民的文化自信，梳理壮族传统文化绵延不绝、一脉相承的文化基因和民族精神之魂，增强民族凝聚力，振兴民族精神。

（二）将非遗传统舞蹈以新的艺术形式呈现在舞台上，弘扬广西少数民族文化，推动广西壮族民间舞蹈文化的发展。

室内乐《巍巍江汉关》

武汉音乐学院

2022年度小型剧（节）目和作品创作资助项目

室内乐《巍巍江汉关》

武汉音乐学院

2022 年度小型剧（节）目和作品创作资助项目

一、主题思想

室内乐《巍巍江汉关》以武汉战“疫”为主题，以事件发生时间为线索，以多个湖北地区民族民间音乐元素为主要素材，通过短小组曲不间断演奏的形式，表现了武汉人民在抗“疫”大战过程中的情感脉动和精神世界，投射出人文关怀和命运共同体价值理念。

二、内容简介

（一）引子

2020 年 1 月，武汉，这座城市正在为迎接新年的钟声奔忙着、热闹着、欢笑着……突然，随着一条消息的发布，转瞬间，1000 万江城人民陷入灾难降临的焦虑与恐慌之中……

（二）第一部分“封城”

2020 年 1 月 23 日上午 10 点，武汉因新冠肺炎疫情“封城”。

主创团队将“2020.1.23”这个历史时刻的数字转化为音乐中相对应的“DDCDE”音符，形成作品的旋律主题，并在纵向上以 5 度音程作为和弦主干音对应时间轴上的“10 点钟”。在乐器使用上，利用古乐编钟独有的音效，发出钢琴键盘小字组“#5”音高和小字 1 组的“#1”音高，巧妙地将千年古乐编钟浑厚而有力的声音融合在旋律的进行中，连续奏响 10 次，与钢琴声部一起营造出隆重而悲壮的合鸣效果，以音乐的方式敲响江汉关的钟声。同时，通过武汉锣、通通鼓、颤音琴、钟琴等打击乐的强弱力度、乐器色彩的音效对比，呈现出当时疫情的危急、人们的焦虑与恐慌，以及街道上行人寥寥的空旷，以音乐情绪、力度、色彩的强烈对比定格这一历史瞬间。

（三）第二部分“逆行”

疫情发生后，全国医疗志愿者在党中央的号召和统一部署下，纷纷紧急集结，“逆行”赶往武汉及湖北各地区。

主创团队吸取了武汉“开簰号子”以及同属鄂东北云梦县的硪歌“伙计们都攒劲”作为重要的音乐素材，力图立足楚地音乐文化的深厚根基，既体现武汉及湖北地域的音乐特征，又展现“一方有难，八方支援”的同袍之情和大爱情怀。钢琴演奏时，演奏者运用现代钢琴演奏技法模拟救护车、飞机等实体音效及远近交错的音响，以排鼓来表达志愿者急促的脚步声，以武汉锣来表现波涛汹涌的气氛等。钢琴主奏旋律始终贯穿其中，牵引着整个音乐情绪的走向与变化。主创团队除了对传统音乐语言的运用，还采用现代音乐作曲技法，在有调性和泛调性音乐中自由转换，实现音乐张力和情绪的有机衔接。再现部在逐渐加快的速度中，转为大调明朗的色彩，预示着危机总会过去，坚信众志成城、守望相助能度过最艰难的时刻。最后部

《巍巍江汉关》现场演出照

分的乐段在强劲的力量中结束，试图体现出任务的紧急程度，以及朝发夕至的中国速度。这里的音乐铿锵有力，显现出人们战胜疫情的坚定决心，同时也隐喻全国人民为武汉及湖北各受灾地区加油鼓劲的倾情呐喊和实际行动。

（四）第三部分“送别”

缅怀抗疫英雄，悼念因疫情离世的亲人朋友。

这部分回归到“2020.1.23”这些数字转化的音符作为旋律主题素材，江汉关上钟声的报时曲如同“安魂曲”般再次响起。编钟和武汉锣叠加的音响仍旧模拟出江汉关的钟声，并在该部分仍旧只敲击 10 次。与第一个部分所不同的是，钢琴演奏者在弹奏时，非常考究的触键，将音乐的情绪转化为哀悼的挽歌，而高音区的“侧击”弹奏法，使音符仿佛化作生者滴落的眼泪。在这段音乐中，进入不断变化二音重复音型素材，以不规则的重复节奏，运用为了整体音响音效而精心安排的钢琴触键方式，更加生动地刻画出悲悯低沉的哭泣之声，以祭奠和送别那些因疫情逝去的亲人朋友和牺牲在救护岗位的抗疫英烈。

（五）第四部分“希望”

抗疫取得阶段性成果，不是亲人胜似亲人的各方医疗队员即将离开武汉及湖北各地区，他们舍生忘死的牺牲和奉献精神感动了武汉、感动了湖北、感动了中国。

该部分吸取了湖北黄冈民间小调“送亲人”的音乐主题，力图展现武汉及湖北民众对援鄂医务工作者的依依惜别和深沉的感恩之情。在这个音乐段落中，编钟、武汉锣鼓再次响起，与钢琴织体部分有机配合，连绵不绝、充满希望的对位呼应、交替呈现，江汉关的钟声恰似带给人们的“希望”之音，奏响江城、久久回荡……

（六）尾声

春天来了，樱花绽放，以湖北田歌为音乐素材，明亮的音调展望着未来武汉这座城市的复苏与期望。经历过这场疫情的人们，静心沉思、心向美好、怀抱希望！

三、艺术特色

（一）作品编制融合度高

本项目围绕武汉战“疫”主题，纪念、缅怀、颂扬那些无私奉献、勇敢逆行的解放军、医护人员、志愿者，同时抒写英勇的武汉人民。采用钢琴为主奏乐器，融合中国2000多年前的古乐器编钟和武汉特有的锣、鼓、钟琴、颤音琴等打击乐器，辅以笛、二胡、扬琴、笙等民族乐器，以融合中西、古今的方式，共同表达一个主题和时刻。

（二）音乐语言地域性鲜明

主创团队用2020.1.23的数字对应“DDCDE”的音符为动机材料的使用，并吸取“开簰号子”以及硪歌“伙计们都攒劲”作为主题素材，立足于楚地音乐文化的深厚根基，体现鲜明的地域音乐特征。

（三）音响色彩新颖独特

钢琴的多声部旋律共鸣与编钟古乐、武汉锣等打击乐，以及二胡、竹笛、扬琴、笙等中国乐器，虽音色不同，但在演奏时中西乐器彼此融合、音响织体对位、交相呼应，从而形成别具一格的音响风格，使作品更具感染力、表现力。

（四）演奏方式上守正创新

在作品音响呈现中，钢琴在演奏时将传统的演奏技法与现代演奏技巧大胆结合，时而模仿实体音效再现救护车、飞机的轰鸣声，时而如泣如诉地吟唱，时而用“侧击”触键方式表现生者滴落的眼泪，时而抒发着“送亲人”的小调情感。整体上始终由钢琴主奏，牵引着整个音乐情绪的走向。

（五）情感表达大爱共通

作品中的“逆行”“希望”等多个乐段中倡导“一方有难，八方支援”的大爱，彰显着团结一心、守望相助的精神与音乐内涵，艺术地反映出人民大众经历这场惊心动魄的抗“疫”大战后的情感脉动、精神世界，以及投射出的人文关怀和命运共同体价值理念。

四、价值意义

（一）丰富了主旋律音乐创作，以景状物、托物言志、言简意赅，用中国人特有的审美精神和审美方式，饱含深情、发自肺腑地歌颂英雄的城市、英雄的人民。

（二）通过室内乐音乐作品，颂赞英雄的人民、英雄的城市，体现出中国在当今世界高度融合与交流的文化特征和文化自信。

（三）丰富了专业院校和演出团体的教学、演奏曲目。

小戏曲《火塘》

四川省川剧院

2022年度小型剧（节）目和作品创作资助项目

小戏曲《火塘》

四川省川剧院

2022 年度小型剧（节）目和作品创作资助项目

一、主题思想

小戏曲《火塘》展现了在现代化进程中，传统习俗与现代化生活方式的冲突与矛盾。作品塑造了一个对工作热情负责的党的好干部形象，宣扬了少数民族地区的脱贫攻坚要坚持贯彻党的民族政策和尊重民族特色的工作方针，努力全面推进乡村振兴。

二、内容简介

《火塘》讲述了一个发生在凉山脱贫安置新村中的故事。新上任的硕士研究生叶主任对工作热情又负责，彝族老阿妈固守原有的生活习俗，在安置新房中烧火塘。叶主任担心烧火塘引发火灾，二人就此发生了冲突。经过一番争执和彝族老村长的劝导，叶主任和老阿妈重新达成共识，火塘的火光映照出美好新生活。

三、艺术特色

（一）舞台呈现方面，正剧喜排、喜演，开掘事件冲突和戏剧性，充分发挥戏曲“唱念做打”歌舞化表演的特点和优势，有看点，有趣味。发挥川剧的表现优势，展现彝族风俗礼仪的民族特色。

（二）音乐方面，旋律轻快愉悦，风格诙谐幽默。主题音乐突出川剧锣鼓特点，又融入彝族音乐风格。唱腔上凸显人物个性，叶主任年轻，有激情、有干劲儿，一心要干出成绩；老阿妈泼辣、直爽、快言快语，同时又有小心机、小花样，甚至小刁蛮。

（三）舞台美术方面，设计简洁，视觉信息丰富，民族特色明显。环境、建筑、装饰、家具等彰显彝族特色，巧妙运用舞台调度和灯光设计完成“扑烟救火”情节。

（四）服装造型和道具方面，以彝族传统服饰和日常用具为设计基础，融合戏曲的歌舞化表达。

四、价值意义

（一）艺术价值

作品在导演技法、人物塑造和舞美服装造型设计等方面都为如何运用戏曲美学规律创作现代戏提供了丰富的实践经验。

（二）现实意义

作品以小见大，大力宣扬脱贫攻坚成果。

《火塘》剧照

美术创作资助项目

美术创作资助项目，资助坚持以习近平新时代中国特色社会主义思想为指导，深入贯彻落实党的二十大精神，坚持为人民服务、为社会主义服务，坚持百花齐放、百家争鸣，坚持创造性转化、创新性发展，围绕举旗帜、聚民心、育新人、兴文化、展形象，建设社会主义文化强国，体现文化艺术审美功能和精神培育引领功能相统一，热忱描绘新时代新征程的恢宏气象，展现中华历史之美、山河之美、文化之美，增强人民精神力量的优秀美术作品创作，具体包括中国画、油画、版画、雕塑、水彩（粉）画、漆画和书法、篆刻等新作品创作。

重点资助以现实主义精神和浪漫主义情怀观照人民的生活、命运、情感，反映人民的喜怒哀乐和气象万千的生活景象，讴歌奋斗人生、刻画最美人物、描绘祖国秀美山河，具有显著时代意义和历史、文化、学术价值的美术作品；聚焦历史题材和现实题材的主题性美术作品，特别是反映党的十八大以来党和国家事业取得的历史性成就、发生的历史性变革，弘扬伟大建党精神，弘扬以爱国主义为核心的民族精神和以改革创新为核心的时代精神，唱响昂扬的时代主旋律的主题性美术作品。

第三部分

美术创作资助项目

中国画

《回民兄弟送红军》

类维顺

2020 年度美术创作资助项目

中国画《回民兄弟送红军》

类维顺

2020 年度美术创作资助项目

一、申报主体简介

类维顺，1963 年生。1988 年毕业于吉林艺术学院美术系，获学士学位；2007 年毕业于东北师范大学美术学院，获硕士学位；2014 年毕业于吉林大学，获博士学位。现为吉林大学艺术学院院长、博士研究生导师，中国美术家协会会员，吉林省美术家协会副主席，吉林省书画院特聘画家。作品曾入选第十二届全国美术作品展、“一带一路”国际美术工程、“中华家园”美术工程。曾获第八届“群星奖”、第十二届“长白山文艺奖”等奖项。

类维顺生活照

二、项目简介

（一）主题思想、创作构思和艺术特色

1. 主题思想

纪念抗战胜利 75 周年，歌颂人民以高度的责任感和极大的爱国热情积极投身抗日战争，广泛开展民族救亡运动。以回民兄弟用羊皮筏子送红军过黄河抗日的场景，体现在中国共产党的领导下，全国各族人民共同抗日、一致对外的民族精神。

2. 创作构思

《回民兄弟送红军》构图主要由两部分构成。前面一组人物由回族同胞和红军指战员组成，回族同胞划着羊皮筏子，红军气势昂扬，有的警戒、有的观察敌情，构成画面主体。奋力划桨的回族同胞象征着各族人民清楚地认识到日本帝国主义是中华民族的共同敌人，只有各民族团结一致、共同抗日，才是民族解放的唯一出路；瞭望远方的红军代表着只要在中国共产党的正确领导下不断向前，胜利就属于中国

类维顺《寒凝大地》

类维顺《冷冬》

类维顺《抗联》

人民。后面一组人物是跟随而来的大部队，两组人物前后产生动感。

3. 艺术特色

本项目通过写实的手法再现历史，通过严谨的造型表现人物坚定的内心信念。画面力求触动人心，使观者感受到团结的力量。

（二）价值和意义

本项目的社会价值是体现中华民族觉醒、民族凝聚力、团结爱国，弘扬民族精神。本项目拓展了现实题材的创作空间，以各民族共同抗日、军民同心为主题，具有较高的学术价值。

（三）前期准备情况和已经取得的阶段性成果

自2014年以来，我积极筹备资料和素材，开始了关于各民族团结抗日的创作。确立了此次项目"回民兄弟送红军"的主题后，我开始更有针对性地研究回族同胞事迹和相关绘画作品以汲取经验。

为尊重历史，再现汉族、回族人民共同抗日的历史，画出特定时代和环境里人物活动的真实面貌，每年5月和9月，我坚持到回族聚居地进行采风，并对回族同胞做采访记录，了解回族同胞在抗日战争时期的英雄人物、英雄事迹，瞻仰英雄遗物。我对当地山川地貌、风土人情、地方革命史做了进一步的调查，并大量实地写生，画出一批风景画和人物画。

三、实施计划

（一）第一阶段（生产创作）

2020年1月29日至3月30日，收集资料，丰富关于回族同胞帮助红军渡黄河的背景知识；采风、模仿场景、拍摄照片、模特儿写生；确定红军及回族同胞的形象，解决造型过程中的细节问题；邀请专家看稿研讨。

2020 年 4 月 1 日至 6 月 30 日，素描正稿，确定人物衣着、羊皮筏子、枪等细节。

2020 年 7 月 1 日至 12 月 30 日，在宣纸上整理出铅笔稿。

2021 年 1 月 1 日至 6 月 30 日，在宣纸上正稿，由远及近进行人物塑造。

2021 年 7 月 1 日至 11 月 30 日，整体调整。

预期目标：真实表现回族同胞冒着生命危险，在波涛汹涌的黄河急流中护送红军过黄河进行抗日的场景。

（二）第二阶段（结项验收）

结项日期：2021 年 12 月 1 日。

成果形式：创作一幅表现“回民兄弟送红军”的写意作品，3 米长，1.8 米宽。

油画《中国梦——大坝建设交响曲》

刘玉龙

2020 年度美术创作资助项目

油画《中国梦——大坝建设交响曲》

刘玉龙

2020 年度美术创作资助项目

一、申报主体简介

刘玉龙，1974 年生。1997 年毕业于安徽师范大学美术系；2006 年毕业于俄罗斯莫斯科苏里科夫国立美术学院油画系。现为中国美术家协会会员，苏州大学艺术学院教授、博士研究生导师，安徽师范大学皖江学院视觉艺术系主任。作品曾入选第十一届、第十二届全国美展，第九届、第十二届中国艺术节全国优秀美术作品展等重要展览。曾获“颜文樑艺术奖”“中国油画大展优秀奖”等奖项。

刘玉龙生活照

二、项目简介

（一）主题思想、创作构思和艺术特色

1. 主题思想

三峡工程位于湖北省宜昌市境内，是持续近百年的历史工程。我选择三峡大坝建设这一体现中国强国梦的工程为主题进行创作，选取三峡工程建设第三阶段中的场景进行表现。建设的第三阶段，大坝整体初具雏形，具备了三峡大坝的形象特征，场景规模宏大，气势磅礴，适合我的创作表现方式。

2. 创作构思

根据主题思想，确定本次创作的两条主线。一是雄伟壮观的三峡工程和令人热血沸腾的建设场景。二是持续近百年的、中华民族几代人由渴望到最终建成三峡工

刘玉龙《历史的风景·天堑之上》　180cm × 195cm

程的历史进程。

画面采取横构图，以俯视的角度将已经建成的泄洪坝段和三峡左岸大坝安排在画面的左后方，正在建设的三峡右岸大坝工地作为前景。利用向远方延伸的主坝和建设工地上摆放错落有致的钢材支架等引领人们视线到画面右前方。画面右前方的大坝建设者、钢铁高架梁和后方建设中的大坝相互呼应，与各种粗细不同的吊线一起，拉伸了前景的纵深度并完善了画面的整体感，营造出繁忙的景象，凸显出劳动

刘玉龙《中国梦——造船》 180cm × 200cm

者热情高涨的精神面貌。

画面以暖色调为主，体现建设中热闹的气氛。在尊重实际景象的前提下，增强画面冷暖和明暗对比，强调画面明度与纯度的层次变化，让画面色调更加丰富和谐。

3. 艺术特色

用新的角度表现大坝、吊车、厂房等物体和场景，使画面构图产生物物相连的独特形式感。在表现手法上强调油画颜料堆砌的肌理，强调笔触痕迹与色彩之间相

刘玉龙《彩虹——苏通大桥建设纪实》 200cm×240cm

互交集的表现力。

遵循现实主义创作原则，忠于现实而不拘泥于现实。在收集大量资料的基础上整合提炼，集中表现典型地点、典型人物和典型场景，塑造有真实生活体验的形象。

（二）价值和意义

作品表现了中国共产党带领广大劳动者在社会主义建设中艰苦奋斗的精神，用绘画的方式传播正能量，传承和弘扬中华优秀文化，践行社会主义核心价值观。探索表现性绘画语言与现实题材结合的表现手法，绘制反映时代巨变的油画作品，对中国油画艺术发展具有较大的意义。

（三）前期准备情况和已经取得的阶段性成果

本人长期坚持现实主义创作理念和写实创作手法，以社会主义建设的大型工业为题材，有较丰富的创作经验与能力。本项目前期通过图书馆、网络以及实地考察写生，已收集了大量的文字与图像资料，并且创作了较多草图。

三、实施计划

（一）第一阶段（生产创作）

2020 年 1—4 月，确定题材，制定创作方案；前往三峡大坝主要施工地考察采风；创作并完善小稿；定制和购买创作材料。

2020 年 5—7 月，继续有针对性地收集素材和写生，修改小稿；邀请专家研讨并提出意见，修改草稿至定稿。

2020 年 8—10 月，制作大素描稿和色彩稿。

2020 年 11 月至 2021 年 9 月，基本完成正稿创作。

2021 年 10—11 月，邀请专家研讨和提意见，根据专家意见修改并完成创作。

预期目标：创作小稿力求达到形式新颖，画面结构严谨。素描稿和色彩稿力求达到对对象真实的表达。正稿注重画面形与形之间的联系、笔触痕迹等。

（二）第二阶段（结项验收）

结项日期：2021 年 12 月 30 日。

成果形式：创作作品《中国梦——大坝建设交响曲》拟以油画作为成果形式，尺寸为 300cm × 180cm。

版画《苗岭飞歌》

范敏

2020 年度美术创作资助项目

版画《苗岭飞歌》

范敏

2020 年度美术创作资助项目

一、申报主体简介

范敏，1963 年生。1988 年毕业于吉林艺术学院美术系版画专业；2001 年毕业于韩国弘益大学研究生院，获硕士学位。现任天津美术学院科研与研究生处处长，教授，硕士研究生导师，中国美术家协会会员，中国美术家协会版画艺术委员会委员，天津美术家协会理事。作品曾获中国美术家协会会员作品展优秀奖、全国第十九届版画展优秀奖、全国第九届三版展银奖、全国第十八届版画展中国美术提名奖等奖项。

范敏生活照

二、项目简介

（一）主题思想、创作构思和艺术特色

1. 主题思想

在民族团结的大背景下，苗族题材成为中国艺术家感兴趣的绘画主题之一。本人拟以版画形式表现苗族同胞质朴的品格，颂扬我们这个时代民族大团结的美好气象。

2. 创作构思

本人拟以组画的形式和石版画的技法创作《苗岭飞歌》系列作品，以多维度的视角深入挖掘苗族同胞善良与勤劳的精神品格，并以套色石版画的语言予以呈现。

3. 艺术特色

表现苗族同胞的质朴品格。本人的创作将通过苗族同胞粗犷乐观的外在美表现

范敏《枯木逢春》 平版 94cm×68cm 2014 年

范敏《苗岭飞歌——盛装》 平版 50cm×65cm 2022 年

其不同于其他少数民族的精神风貌。

强调情感的表达。本人多次前往黔贵地区采风，走访了诸多的村寨，结交了许多朋友，被苗族的风土人情深深地感动。本人拟利用版画语言将对苗族同胞的感情传递给观者。

技术与艺术的和谐统一。本人拟在本项目中以石版画语汇作为技术支撑。石版画技法善于表现细腻入微的图示，适于表现苗族题材。

（二）价值和意义

创作民族题材的版画精品。当下少数民族题材的版画作品以表现藏族、蒙古族等居多，苗族题材的版画缺少精品力作。苗族同胞以其独特的特征为我们营造了一个多彩的世界，运用现实主义的手法深入挖掘记录、真实地表现他们的精神世界，是当代艺术工作者义不容辞的责任。

借助民族题材推进版画创新。少数民族题材的版画多以木版画为主，当下关注少数民族题材的石版画艺术家不多。此项目中，本人试图在表现苗族同胞质朴精神的同时，探索石版画的表现空间和技法技巧，探索手绘和数字结合的方法，找到传统石版画与现代科技结合的途径，并转化到教学当中，为培养高层次的版画艺术人才提供支撑。

通过艺术语言讴歌民族团结。中华民族一家亲，同心共筑中国梦，这是全体中华儿女的共同心愿，也是全国各族人民的共同目标。实现这个心愿和目标，离不开全国各族人民大团结的力量。作为艺术工作者有责任和义务表达我们时代民族大团结的气象。

（三）前期准备情况和已经取得的阶段性成果

前期，本人到过贵州的西江千户苗寨、台江施洞苗寨、岜沙苗寨、修文苗寨、榕江苗寨、三江苗寨等地采风，参加过镇远的民族节日庆典活动，收集了大量的素材，也创作了不少苗族题材的作品。

本人对于套色石版画的表现语言有较为深入的把握，截至目前已经创作了近百余幅套色石版画作品，先后获得国内外专业展示的重要奖项，参加过诸多的重要展示活动。

三、实施计划

（一）第一阶段（生产创作）

2020 年 1 月，安排研究计划，制定预期效果等。

2020 年 2—8 月，采风和收集素材，整理已有资料，根据创作需要有针对性地深入采访。

2020 年 9—11 月，完善作品构思，进行草图创作，邀请相关专家对创作草图进行观摩，并吸收专家提出的有益意见，对草图进行调整。

2020 年 12 月，进行版画印制前准备和技术技巧试验。

2021 年 1—10 月，印制版画作品，完成 4 幅套色石版画作品，每幅作品计划套 5 色以上。

预期目标：整理已有的素材并选取有感受和有特征的 3—4 个苗族村寨，赴当地采风、收集创作素材，确定创作方向，绘制草图 20 幅，充实完善 4 幅创作草图。

（二）第二阶段（结项验收）

结项日期：2021 年 12 月 31 日。

成果形式：创作组画《苗岭飞歌》，石版画 4 幅，尺寸为 65cm × 50cm × 4。

版画《汶川·汶川——铭记·2008》

康宁

2020 年度美术创作资助项目

版画《汶川·汶川——铭记·2008》

康宁

2020 年度美术创作资助项目

一、申报主体简介

康宁，1950 年生。1982 年毕业于四川美术学院绘画系版画专业。现为四川美术学院教授，中国美术家协会会员、中国版画家协会理事。作品曾入选中华文明历史题材美术创作工程、第十届全国美术作品展览等重要展览，曾获“时代印记——2013 · 中国百家金陵画展（版画）”金奖、观澜国际版画双年展大奖、首届云南国际版画展铜奖、第十七届版画作品展览铜奖等奖项。

康宁生活照

二、项目简介

（一）主题思想、创作构思和艺术特色

1. 主题思想

2008 年 5 月 12 日四川汶川突发特大地震，人民解放军部队、武警以及由群众自发组织起来的救援队、志愿者等在第一时间从各地奔赴灾区。在党中央和各级政府的领导与组织下，全国人民捐钱捐物，以各种方式支援重建灾区。在突如其来的灾害面前，中华民族万众一心，形成空前巨大的凝聚力。版画《汶川 · 汶川——铭记 · 2008》基于这一重大事件进行艺术创作，表达人间大爱。

2. 创作构思

选择三块高约 220 厘米、宽约 50 厘米的原生树木形态的梨木板来进行黑白木刻制作。保留每块树木边缘自然的外形和树皮，三块竖立的木板形态正好形成汉字的“川”，喻指当时的灾区，同时形成完整的三联画结构。视觉形式强烈，象征了在灾难面前民族精神像大树一样屹立不倒。

康宁《汶川！汶川！》1　黑白木刻

康宁《汶川！汶川！》2　黑白木刻

康宁《汶川！汶川！》3　黑白木刻

中间一联是主体，概括地表现了灾难的发生、伤痛、团结和希望等情形，突出在党中央关怀领导下，全国军民万众一心、众志成城抗震救灾的壮举。下部塑造了一棵屹立不倒大树的形象，这是一棵非自然形态的、具有现代结构和象征意义的精神之树。

右边一联重点表现抗灾现场的情景，表现救援队伍的抢险、救护和关爱等。突出表现灾后第一时间到达现场的救援队、解放军、武警、消防官兵及各界志愿者奋力抗灾救援的英雄形象。

左边一联表现震后对受难者的追念，表现祖国各地的支援、捐助和灾后重建等。突出党的关怀，全国人民心系灾区全力支援，灾区重建再获新生。

3. 艺术特色

画面采用三联画的形式，打破时间与空间的束缚，回避了对灾难现场、废墟、伤亡场景等的写实性描绘，而是从古代传统绘画的多点透视原理出发，自由组合不同时空之间的人物关系，以突出人物形象的塑造。同时画面也注重对当地藏、羌、回、汉等各民族团结抗灾的表现。

（二）价值和意义

版画《汶川 · 汶川——铭记 · 2008》以抗震救灾中感人至深的事件为线索，用在灾害面前不屈不挠的普通人物形象构成画面。描绘了灾难伤痛、抢险救援、八方援助以及灾后重建等场景，形象地表现出全国万众一心、抗灾自强的英雄壮举，具有深远的历史意义和现实意义。此外，作品不注重再现灾区废墟的现场，而侧重于英雄群像的塑造，形式新颖，木刻语言独特，黑白强烈，具有较高的艺术价值。

（三）前期准备情况和已经取得的阶段性成果

“5 · 12”地震发生时我亲身感受，灾后也曾赴部分灾区考察。2009 年，我曾以抗灾为题材创作了版画《天地之间》，此次创作是对同一事件和选题的深入提炼和扩展，规模更大、场景更开阔、内容更丰富。目前已完成初稿，将在此基础上，进一步调整深化完善。

三、实施计划

（一）第一阶段（生产创作）

2020 年 1—4 月，准备版材，选择原生梨木板进行加工处理。

2020 年 5—7 月，再次深入当年灾区考察，收集素材资料，并从当年影像、纪录片、新闻文字报道中挖掘有价值的表现内容，感受抗震救灾的真实氛围。

2020 年 8—12 月，进一步调整完善、修改草图。在画面构成、黑白关系、刀法组织等艺术形式语言上做深入研究。

2021 年 1—11 月，完成刻制，充分发挥黑白木刻语言魅力，强化木刻的写意性理念，争取在木刻艺术语言上有新的突破。

2021 年 12 月，装裱工作。

预期目标：希望将人间大爱精神传递给年青一代，发挥更大的现实和社会价值。同时，本人一直秉承“写意木刻”的创作理念，强调版画的绘画性表现力，希望在黑白木刻艺术语言的探索上有进一步的突破。

（二）第二阶段（结项验收）

结项日期：2021 年 12 月 31 日。

成果形式：完成黑白木刻三联画作品，尺幅约为 220cm × 180cm。

雕塑《智慧之岛》

朱尚熹

2020 年度美术创作资助项目

雕塑《智慧之岛》

朱尚熹

2020 年度美术创作资助项目

一、申报主体简介

朱尚熹，1954 年生。毕业于中央美术学院雕塑系，获硕士学位。现为《雕塑》杂志社主编、中国雕塑学会常务理事、中国城市雕塑家协会常务理事、四川美术学院教授。作品曾入选“第二届中国—东盟国际城市雕塑与公共艺术作品展”“未来图景——首届北京城市副中心公共艺术作品汇报展”“中国姿态·第六届中国雕塑展”等展览。

朱尚熹生活照

二、项目简介

（一）主题思想、创作构思和艺术特色

1. 主题思想

时代动力 · 智能科技。《智慧之岛》以数字化生活为创作题材，灵感来自我们日常生活中使用的二维码，通过雕塑造型将二维码三维立体化，并运用抽象的艺术手法将其归纳概括，使其简洁大方具有现代感，反映了我国推动智能化科技的重大主题。

2. 创作构思

作品的造型分为上、下两部分，具有金字塔造型的上部加上它的镜像下部，下部镜像为上部的“倒影”，托起上部的“岛”，上、下构成完整体。整件作品漂浮在平面上（城市公共空间中）就像漂浮的智慧之岛。

朱尚熹《智慧之岛》金属成品 1

该作品以镜面不锈钢为制作材料。作品的上半部"金字塔"表面最后呈现拉丝效果，而下半部呈现镜面抛光效果。"虚化"的下部将托起上部的金字塔造型，使作品具有漂浮的视觉效果。为了达到最佳呈现，我准备采用 630 不锈钢进行加工，这种不锈钢对于作品的艺术效果具有较好的表现力。

3. 艺术特色

作品具有雕塑语言追求的造型几何化形态，缩小底面接触点，可以使方体悬置空间中，凸显了作品的张力。几何化造型使作品具有鲜明的时代特色和现代感。

作品具有空间转换的艺术构思，如果将作品制作放大到一定的尺度置于城市空间，观众将在"水"中仰望，感到空间转换的意趣，使作品具有公众性。

朱尚熹《智慧之岛》金属成品 2

作品材质的虚实处理，上、下部分的表现效果一实一虚，一亮一灰，使作品数字化特征格外突出，整体语汇集中烘托作品主题，即“时代动力 · 智能科技”。

（二）价值和意义

凸显鲜明的时代特色。党的十八大以来，祖国的发展进入了新时代，生态与科技是新时代的主要内容之一，是时代的最强音。《智慧之岛》以简洁大方的造型、现代感的艺术效果以及代表数字科技的二维码符号，象征和表达了这一伟大时代的到来。若将作品在公共空间建立，将成为具有时代意义的标志，激励人们创造新时代的科技化生活。

朱尚熹《智慧之岛》金属成品 3

延伸个人的雕塑语言。本项目是一次雕塑语言与时代表达相结合的实践，也是一次个人艺术风格探索和更新的机遇，更是一次展现艺术家社会担当的机会。如果本项目能够顺利通过，除了将项目以最佳的状态完成以外，我将把艺术与科技作为我的创作方向继续进行下去，争取创造出更多更好的成果。

（三）前期准备情况和已经取得的阶段性成果

“岛”意象作品是我长达 10 余年的创作研究成果，目前已经创作的作品 20 余件，其中已经有 10 多件作品建立在全国各地的公共空间，成为当地的城市公共艺术。《智慧之岛》是我近期酝酿创作的作品，目前已制作 3 个不同的变体稿件，申报递交的文件是我最近的一件稿件。我将继续相关的造型研究，使其达到最佳的艺术效果，并使作品的主题更加突出。

我将主要采用数字化创作方式，使用 3D 软件建模进行雕塑创作，使用 3D 打印成小模型，再进行金属材质的制作实施。作品具有较为鲜明的数字语言特色，科技化的艺术效果较为突出。

三、实施计划

（一）第一阶段（生产创作）

2020 年 1 月 1 日至 11 月 30 日，完成以下工作：3D 建模研究，建模不少于 8 个；3D 打印研究，打印模型不少于 5 件；完成 1 ∶ 1 数字雕刻模型一件，作为放大使用；监制不锈钢成品，进行艺术效果处理。

预期目标：在 3D 建模上进行作品推敲，优中选优，做出定稿，达到预期目标。

（二）第二阶段（结项验收）

结项日期：2020 年 12 月 1—31 日。

成果形式：《智慧之岛》项目的成果形式为不锈钢雕塑，尺寸为 23cm × 23cm × 23cm。作品上部正三角形体的表面效果为不锈钢拉丝，下部倒三角形体的表面效果为镜面不锈钢。

传播交流推广资助项目

传播交流推广资助项目，资助坚持以习近平新时代中国特色社会主义思想为指导，深入贯彻落实党的二十大精神，坚持为人民服务、为社会主义服务，坚持百花齐放、百家争鸣，坚持创造性转化、创新性发展，围绕举旗帜、聚民心、育新人、兴文化、展形象，建设社会主义文化强国，促进满足人民文化需求和增强人民精神力量相统一，努力实现社会效益和经济效益相统一的优秀艺术作品演出、展览项目。

重点资助改革开放以来特别是党的十八大以来创作生产的优秀艺术作品演出、展览活动；配合国家重大战略实施和重要国际交往活动，围绕国家重大纪念活动和重要时间节点举办的优秀艺术作品演出、展览活动；深入市、县基层，深入革命老区、民族地区、边疆地区开展的优秀艺术作品演出、展览活动；省级及以上国有文艺院团与基层文艺院团联合开展的优秀作品演出活动；获得国家艺术基金舞台艺术创作项目资助，在结项验收后继续进行重大加工修改提高，艺术质量有明显提升，取得良好社会效益作品的演出活动。

第四部分

传播交流推广资助项目

舞剧《驼道》巡演

呼和浩特市文化旅游投资集团有限公司

2020 年度传播交流推广资助项目

舞剧《驼道》巡演

呼和浩特市文化旅游投资集团有限公司

2020 年度传播交流推广资助项目

一、主要内容、策划创意和艺术特色

（一）主要内容

公元前 138 年始，汉武帝曾多次派遣张骞通往西域，开启了史称“丝绸之路”的新纪元。在后来两千多年的历史岁月中，我们的先辈筚路蓝缕，先后开辟出多条丝绸之路的干线和支线。其中，以横贯欧亚大陆北方草原地带的“草原丝绸之路”和穿越沙漠途经中亚地带的“绿洲丝绸之路”最为有名，其形成、发展和繁荣代表了中国历史的一个辉煌时期，对东西方经济文化的交流发展、草原艺术与域外艺术的双向交流，产生了深远的影响和积极的推动作用。

舞剧《驼道》以元代丝绸之路为背景，以东西方商贸往来为主线，通过对具体人物的刻画和故事的演绎，清晰地向人们讲述曾经在这片广阔的疆域上发生的经年往事，谱写出一段崇尚自然、生命至上、友好往来、互通有无、博采众长、兼容并

《驼道》剧照 1

蓄的传奇佳话。该剧以驿站总管道尔吉和他的双胞胎女儿金花、银花，阿拉木图商人哈斯德尔和江南茶行掌柜水生为主要人物，诠释了和平合作、开放包容、互学互鉴、互利共赢的丝路精神。舞蹈根据“选茶品茶”过程中的竞相媲美、驼乡送别、驼道苦旅、马队救援、域外交流等情节的设定，采用传统与现代交融并用的编舞手法，创作了斗茶舞、敬茶舞、驼铃舞、采茶舞、马舞、倒喇、鹰舞、天鹅舞等舞蹈段落。此举既是对传统舞蹈的继承发展，又浸染着鲜明的时代色彩。这些具有独创性的舞蹈段落，有的气势恢宏，磅礴大气；有的轻盈俏丽，赏心悦目；有的抒情写意，犹如田野牧歌。与此同时，再通过多媒体辅之以胡杨浸染、大漠孤烟、长河落日、海市蜃楼等自然景观的渲染，使这部独具民族特色、地域风情和艺术风采的舞剧更加美轮美奂，使汉族、蒙古族和哈萨克族舞蹈得以各美其美地展示，倾情演绎了驼道之行的人们砥砺前行、乐观坚毅的精神品格，彰显了往昔岁月那段可歌可泣

《驼道》剧照 2

的历史。

（二）策划创意

舞剧《驼道》是一部以“一带一路”倡议为主导的原创性剧目。从2017年创作完成之初，就在内蒙古的舞台艺术创作剧目中脱颖而出，获得了国家艺术基金2018年度大型舞台剧和作品创作资助项目的立项资助，并顺利通过了结项验收。同时，被内蒙古自治区政府代表团选定为赴哈萨克斯坦参加阿斯塔纳世博会的展演项目，以雅俗共赏的艺术形式、别具风韵的文化形态、真情炽热的艺术呈现，以及并行不悖的肢体语言、通达人性的剧本构造和通观地域的文化形貌，更好地规避了各个国家、各个民族间的语言壁垒、认知壁垒和文化壁垒，赢得国内外观众的高度评价，引起了热烈反响。

为了使《驼道》这部舞剧在国内构筑起“一带一路”中心城市与节点城市之间的桥梁，以文化交流的方式形成多元互动的格局，彰显草原文化在中华民族文化中的作用和价值，剧院将继续以舞剧为艺术表达，赴新疆、青海、甘肃等地进行巡演，使其在交流互鉴中实现文化的传播和艺术的繁荣。

（三）艺术特色

元代草原陆路丝绸之路，在中外文化贸易史上占有极其重要的地位。舞剧《驼道》的创作初衷和巡演目的，就是向现代的观众讲述一段渐行渐远的“驼道茶情”。

舞剧《驼道》的艺术创作，本着主题鲜明、故事感人、情节紧凑、人物个性鲜明的原则，对生活细流、人生遭际、大爱无疆、民族团结等进行了细致入微的刻画描述。借此通过典型的艺术形象和丰富细腻的情感变化，重塑一段历史，还原于生活的本源和人性的本真，凸显在东西方文化交融中，曾经有过的鼎盛繁华与壮丽豪迈。舞剧《驼道》讲述的这段“丝路”故事，涉及汉族、蒙古族、哈萨克族等民族和国家的自然景观和文化形态。剧中表达的人物之间的意识流动，情感交集，多姿多彩的风姿舞韵，令人遐思神往的地域风情，不仅体现了迥异的情境语境，也在历史与现实、传统与现代之间，将民族意识、自然神性与个人体验结合起来，构建了一个独特丰富的舞蹈语汇空间，尽显中华民族舞蹈多元化一的异彩纷呈，蒙古族舞蹈在草原文化哺育下的厚积薄发。

“一带一路”的倡议和建设，在时间上沟通了古今，在空间上拓展了新的领域。它不仅成了中国实现和平发展、全面复兴宏图大略的重要组成部分，同时也成为世界各国广泛参与，牵动国际关系走势的全球化行动。采用民族舞剧的形式，促进国家、民族、经济、文化的相依并存、共生共融，这也是《驼道》为我们展现那道亮丽风景背后的精神指向。

二、保障条件

舞剧《驼道》于 2018 年获得了国家艺术基金立项资助，先后在神木、西安、烟台等地演出 8 场，并根据演出的效果在剧情、人物、舞段、音乐、多媒体等许多方面不断调整提高。同时，受邀参加了西安丝绸之路国际艺术节并荣获“特别贡献奖”，反响热烈，评价甚高。接下来，将进一步加强“一带一路”在剧目中的体现，强化剧情的合理性，加强舞台艺术处理，深入挖掘人物个性和民族文化内涵，为下一步剧目交流推广打下更扎实的基础。

该剧演出团队呼和浩特市文化旅游投资集团歌剧舞剧院演员团队实力雄厚，其自成立以来先后创作演出舞剧《马可 · 波罗传奇》《昭君》《血染的风采》、大型艺术片《大青山怀抱》、舞蹈诗《昭君情缘》等多部优秀作品，多次在国家、省、市级比赛中获奖，受到社会各界的广泛赞誉，足迹遍布了 20 多个国家和全国 30 多个省市自治区，在自治区文艺团体中名列前茅。集团从创作、编排、策划、投资到后期运营、管理各方面都具有十分丰富的经验，同时与国内多家剧院建立了良好的合作关系，也为本项目的顺利实施提供了扎实可靠的基础。

三、实施计划

本次巡演预计演出6场，具体计划为：

2020年7月27—28日，西宁市，青海大剧院；

2020年7月31日至8月1日，敦煌市，敦煌大剧院；

2020年8月10—11日，五家渠市，五家渠市文化中心。

巡演完成后，集团将针对巡演情况、资金使用、质量监督、项目成果等方面进行全面总结，整理项目实施的有关影像、照片、文档、宣传资料、会计档案等，完成经费决算和审计报告、结项报告书，并提交国家艺术基金管理中心。

音乐剧《火花》
革命老区行

山西省歌舞剧院有限公司

2020 年度传播交流推广资助项目

音乐剧《火花》革命老区行

山西省歌舞剧院有限公司

2020 年度传播交流推广资助项目

一、项目内容

音乐剧《火花》讲述了中国共产党革命先驱高君宇同志关于理想和青春的追梦历程。剧中以高君宇的灵魂穿梭在历史的各个时期为主线，揭开了高君宇如“火花 ”、如“宝剑”的十年战斗历程。在国之不国、人之不人的危难关头，在理想与现实难以逾越的鸿沟中，在理想与爱情、亲情、友情的激烈碰撞下，高君宇毅然把自己珍贵的青春和生命奉献给自己的理想——共产主义事业，谱写了一曲可歌可泣的壮丽篇章！

创排以来，音乐剧《火花》荣获 2017 年度国家舞台艺术精品创作扶持工程重点扶持剧目；山西省第十一届精神文明建设“五个一工程”优秀作品奖；首届山西艺术节舞台艺术特别贡献剧目。入选第十五届“文华大奖”终评并参加了第十一届中国艺术节展演；参加了 2018 年全国舞台艺术优秀剧目展演；参加了第十三届全

國家藝術基金
CHINA NATIONAL ARTS FUND
2015年10月荣获国家艺术基金2015年度资助项目
2016年5月荣获山西省第十一届精神文明建设"五个一工程"优秀作品奖
2016年5月入选第十五届文华大奖终评并参加第十一届中国艺术节演出
2017年6月荣获2017年度国家舞台艺术精品创作扶持工程重点扶持剧目
2017年8月荣获国家艺术基金2017年度传播交流推广项目
2017年9月荣获首届山西艺术节 舞台艺术特别贡献剧目
2018年3月全国舞台艺术优秀剧目展演
2018年8月入选文化和旅游部第十三届全国声乐展演暨全国优秀音乐剧展演
2021年11月入选2020年度国家艺术基金传播交流推广资助项目
Original Musical
火花
Sparkle
原创音乐剧
2020年度彩票公益金资助——中国福利彩票和中国体育彩票
国家艺术基金传播交流推广项目
主办单位：山西演艺集团
演出单位：山西省歌舞剧院
SHANXI PROVINCIAL SING AND DANCE THEATER

《火花》海报宣传照

《火花》剧照 1

国声乐展演暨全国优秀音乐剧展演。自 2015 年 10 月在榆次文化艺术中心首演至今，共计演出 182 场，足迹遍布北京、上海、天津、嘉兴、杭州、广州、西宁、兰州、银川、呼和浩特、西安、郑州、济南、太原等地，引起了强烈反响，被媒体、专家和观众认为是思想性、艺术性、观赏性俱佳的作品，一时间形成了“火花”现象。《火花》先后被中央电视台、山西电视台、太原电视台、《中国日报》、《中国文化报》、《山西日报》、《山西晚报》、《太原日报》、《太原晚报》、新华网、新浪新闻、凤凰网、网易新闻、中国网络电视台、山西新闻网、中国城市网等众多媒体报道。

二、策划创意

音乐剧《火花》将高君宇同志的生平搬上舞台，让人民群众更加了解这样一位英雄人物短暂而传奇的一生，他用人生最为青春的十年，书写了中国近代史上浓墨

《火花》剧照 2

重彩的一笔，他参与了 20 世纪从五四运动到北伐战争前夕几乎所有可以改变历史进程的伟大事件。高君宇不仅是那一代革命先驱的代表，将青春、热血献给理想和信仰，而且是“红船精神”的优秀代表，他身上所承载的“中国梦”精神脉络是那个年代无数先辈的缩影。

在纪念新中国成立 70 周年、五四运动 100 周年、中国共产党建党 100 周年之际，剧院将更加坚定地推广音乐剧《火花》，缅怀五四先驱崇高的爱国情怀和革命精神，弘扬以爱国、进步、民主、科学为主要内容的五四精神，传承革命先烈开天辟地、敢为人先的首创精神，坚定理想、百折不挠的奋斗精神，立党为公、忠诚为民的奉献精神，鼓舞人们为实现“两个一百年”奋斗目标、实现中华民族伟大复兴的中国梦而奋斗。

三、艺术特色

（一）浪漫主义的表现手法

在艺术表现形式上，用流行的音乐剧形式讲述了一段极富主旋律色彩的中国故事，剧中以高君宇的灵魂穿梭时空和非线性的结构让观众走进高君宇的内心世界。

（二）新颖独特的音乐设计

主体音乐旋律优美、磅礴大气、节奏青春明快，现代与传统有机融合，自然流畅地展示剧中人物的美好理想和青春岁月，努力满足各年龄段观众的审美需求。

（三）质朴变幻的舞台时空

舞台上通过“火花”和“宝剑”凸显革命者的锋利和无畏，力求简洁、流畅、唯美，以写意与写实的高调对比强化舞台空间和舞台节奏的转化。

（四）黑白反差、冷暖结合的舞台灯光设计

灯光设计运用三色合一、黑白反差、冷暖结合的设计理念，灯光语汇干净、简洁、清晰，视觉上给人久远沧桑之感，逼真地再现了高君宇的那个时代，将观众引入了历史长河中，恍如隔世。

四、实施计划

项目计划在 2020 年 8 月赴革命老区进行巡演，共计演出 8 场：

2020 年 8 月 8 日、9 日，湖南省浏阳市欧阳予倩大剧院，2 场；

2020 年 8 月 12 日、13 日，湖南省长沙市湖南大剧院，2 场；

2020 年 8 月 15 日、16 日，江西省萍乡市安源大剧院，2 场；

2020 年 8 月 19 日、20 日，江西省南昌市江西艺术中心大剧院，2 场。

这些地区是伟大的革命圣地，重要的红色革命老区，蕴含着深厚的红色文化，群众接受度高，是弘扬红色文化、讲好中国故事、传播好中国声音的坚实基础。

同时，将在各剧院大厅推出“革命先烈高君宇”人物展，辅助剧目演出，讴歌中国共产党早期革命先驱，并通过新闻发布、传统媒体以及互联网、自媒体、数字广播等新媒体宣传推广音乐剧《火花》，录制《火花》视频。

目前，剧院已与所有演出场地签订了意向协议，并成立了项目专项组，分别设立：

（一）演出、舞台技术小组，负责剧目演出和舞台、展厅工作；

（二）宣传小组，负责广告宣传、媒体报道工作；

（三）活动小组，负责与当地文化教育和民政部门联系，选择受赠演出票的学校、学生及孤寡老人、贫困人员等特殊群体，开展各项公益活动；

（四）票务小组，负责建立适合该项目的票务网络、系统，负责赠票、售票。

项目预计在 2020 年 12 月完成所有演出计划，并就整个项目周期的巡演情况、资金使用、质量监督、项目成果等方面进行全面的审查验收，向国家艺术基金管理中心提交完整的结项材料。

江苏工笔画六百年

江苏省美术馆

2020 年度传播交流推广资助项目

江苏工笔画六百年

江苏省美术馆

2020 年度传播交流推广资助项目

一、主要内容

工笔画历史悠久，及至两宋逐渐走向成熟，往往使用“尽其精微”的手段，通过“取神得形，以线立形，以形达意”的方式以达到神态与形体的完美统一。江苏地区的工笔画于明清之际，伴随着江南地区文化和经济的兴盛，发展至一个新的阶段。这一时期涌现出唐寅、仇英等一批长于工笔的画家。清代以后，西学东渐，以陈之佛为代表的工笔画家在上溯后蜀、南唐以至两宋画院的基础上，融入西画的透视和造型技法，在线条和内容的节奏感与诗意之外，更呈现出造型的准确性，使工笔画又重放异彩。传统的积淀深刻地影响着江苏的工笔画创作，中华人民共和国成立以来，传统的山水、花鸟主题被赋予了更多的文化关切，反映现实生活的作品有了更宽阔的内容，江苏的工笔画从六百年前的明清之际发展至中华人民共和国成立以来的 70 年，呈现出愈加蓬勃的生机。

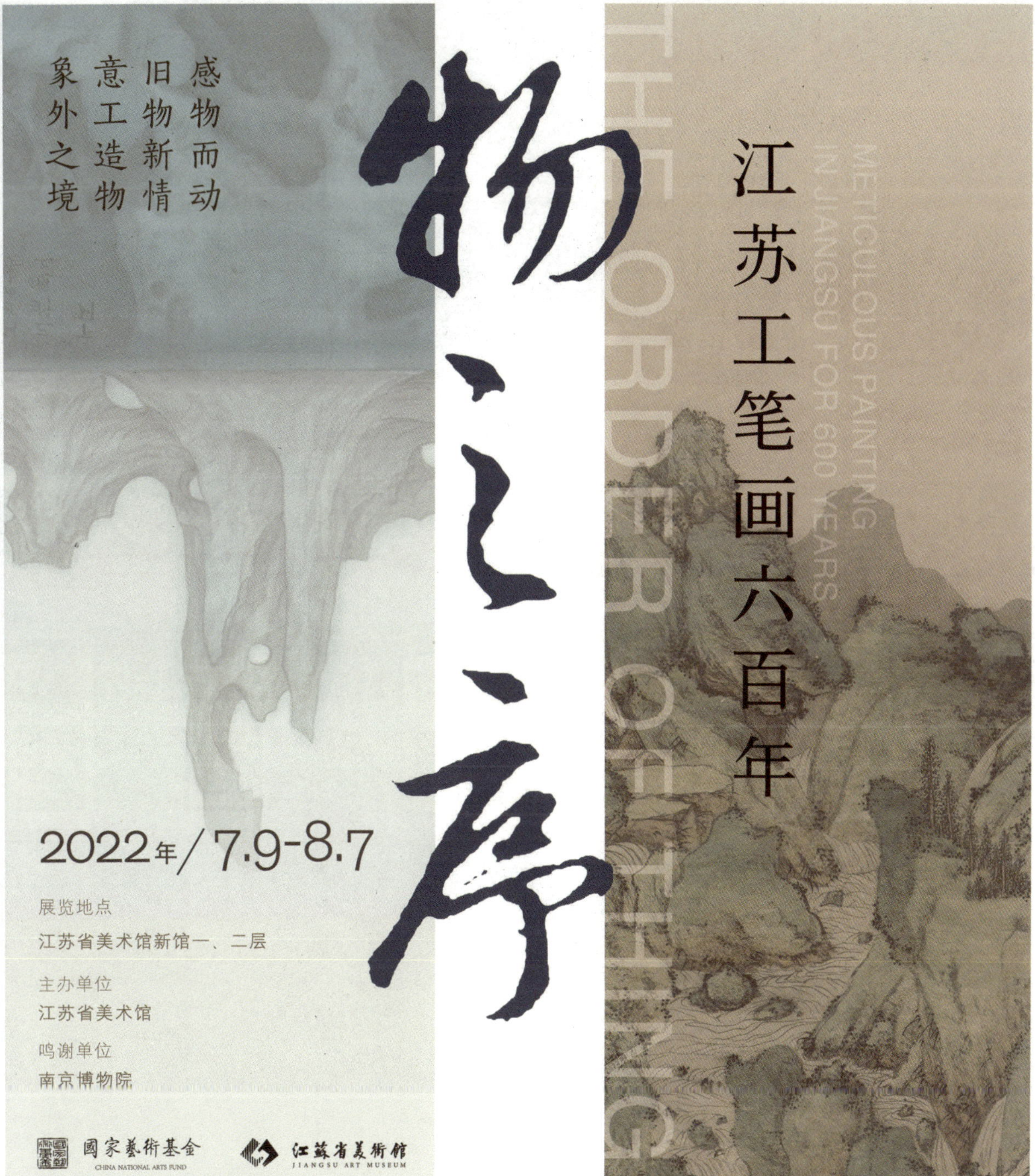

“江苏工笔画六百年”巡展海报

“江苏工笔画六百年”巡展展厅图

此次江苏省美术馆举办“江苏工笔画六百年”巡展，预计展出3场，展品200件左右。本次展览立足于江苏的工笔画传承，一方面力图梳理明清至今的工笔画发展脉络，另一方面已经通过提名的方式，完成了邀请创作和征集作品工作，呈现出江苏当代工笔画的创作面貌，勾勒了明清传统工笔绘画所蕴藉的气韵精神在当代的传承轨迹。

此次展览以“江苏工笔画六百年”为主题，旨在反映工笔画从传统到当代、从作品到观念的代际传承与当代解读，尤其突出呈现中华人民共和国成立70年以来，在新的历史阶段重新诠释和涵养的工笔精神，更期望将工笔画导入社会的审美视野和文化认识范畴，见证中国传统绘画的悠久历史。

二、价值意义

（一）反映中华人民共和国成立70年来的艺术成就

此次工笔画展突出反映中华人民共和国成立70年来江苏工笔画的新探索和新突破，呈现中华人民共和国成立至今江苏工笔画家的精品力作。在艺术形式的探索上既遵循工笔画自身的语言特性，同时积极吸收造型艺术在其他领域的经验，体现出在新的历史进程下江苏工笔画的发展方向。另外，美术馆的价值实现，需要以公众的参与度与满意度来考量。作为当代的美术馆，应当使艺术宝库里的精品与当下文化生活及艺术发展建立起紧密的联系，因此以合适的策划方式将美术馆的藏品呈现给观众，并以此为契机通过公教、宣传等形式将其传播至更广泛的受众，是美术馆做好公共文化服务的重中之重。工笔画有悠久的传统，通过梳理古代工笔画精品和呈现当代工笔画优秀作品，一方面能够传承历史文脉，让观众近距离与作品互动交流；另一方面能够反映时代风貌，让观众在当代作品中感受工笔画在内容和形式上的探索与创新，从而达到提高人民文化素质、审美情趣的目的。

（二）弘扬中华优秀传统文化

工笔画中体现出的理性、秩序、宏伟感和创造性，历经各朝各代，及至今日仍有滋养艺术和文化的重要意义。将六百年来江苏工笔画的精品集中呈现，不仅是对优秀传统文化的历史梳理，也钩沉出其中所蕴涵的文化和审美取向中的精神价值。

（三）进一步推动工笔画的创作与研究

作为传播交流推广项目，此次展览除了邀请部分艺术家之外，还面向全国范围内公开征集了工笔画作品，对于中青年艺术家和理论家持续关注和参与到工笔画的创作和研究中来具有积极的推动意义。

三、实施计划

（一）准备阶段

1. 展品征集

首先在馆藏作品中梳理并遴选出明清至近代时期的工笔画精品，包括花鸟、人物等门类，其中涵盖王素、董朝用、蔡嘉、周贲如、陈之佛等诸家作品，同时向其他文博单位商借唐寅、仇英等美术史上的工笔名家之精品力作。开展全国范围内工笔画家作品征集工作，邀请了当代工笔画家，包括喻继高、高云、周京新、徐乐乐、徐惠泉、江宏伟、徐累、张见、喻慧等参与到项目之中。

2. 学术策划

在梳理和商借藏品基础上，对展览作品的所处时代风格作学术研究、分析，在展览的陈列方式上突出作品的时代脉络，同时以时间顺序展陈为基础，突出重点时期的重点作品，兼顾人物画、花鸟画、山水画共同发展的多元格局。对于有特殊时代意义和审美价值的作品有倾向性地集中展示。在此基础上，撰写学术文章，对重要作品做文字性的说明介绍，便于观众深入理解。

3. 展览筹备

为做好本次展览活动，美术馆各部门群策群力，协调配合。典藏部负责保障藏品的整理、选择、交接、清点等事务；学术部负责保障展览的学术文字撰写，及相关学术活动等事务；展览部负责保障展览的档期、展陈布置等事务；设计部负责保障展览的陈列设计及画册版式设计等事务；公共教育部负责保障展览期间的公共教育活动等事务；公关部负责保障展览开幕式及相关活动的接待、安排等事务；安保部负责保障展览期间展品及展厅内设施的安全等事务；设备部负责保障展览期间所需设备的正常运行等事务。

（二）巡展计划

本次巡展共计 3 场，展出期间将举办一场专题讲座和一系列公共教育活动，并出版一本画册。在展陈形式上，以庄重、简洁、展线段落清晰为标准。搭建装置过渡各环节的接点，同时以具有设计感的装饰渲染环境，悬挂于展线墙面的作品将统一装裱配框。

1.2022 年 7 月 9 日至 8 月 7 日，江苏省美术馆；

2.2022 年 8 月 26 日至 10 月 8 日，郑州美术馆；

3.2022 年 10 月 15—30 日，宜兴市美术馆。

百年铸梦——中国文化名人肖像雕塑作品展

鲁迅美术学院

2020 年度传播交流推广资助项目

百年铸梦——中国文化名人肖像雕塑作品展

鲁迅美术学院

2020 年度传播交流推广资助项目

一、主要内容、策划创意和艺术价值

（一）主要内容

为庆祝中华人民共和国成立 70 周年、中国共产党成立 100 周年，鲁迅美术学院联合中国美术家协会雕塑艺委会，汇聚全国知名雕塑家的作品，举办“百年铸梦——中国文化名人肖像雕塑作品展”，并赴北京、上海、深圳、沈阳等地巡展。参展艺术家包括李象群、吴为山、王少军、黎明、吕品昌、杨奇瑞、董书兵、班陵生、李鹤、洪涛等，旨在通过架上肖像雕塑这种艺术形式，反映和讴歌在中国共产党领导下的中国文化界知名人物。用艺术为人民塑像，用艺术弘扬以人民为中心的中华民族精神，用艺术实践铸造中华民族伟大复兴的中国梦。同时，发挥鲁迅美术学院在雕塑专业上的优势，借助中国美术家协会雕塑艺委会的学术地位，为全国雕塑家搭建一个有关肖像艺术创作、理论研究以及展览展示的联合平台。

（二）策划创意

近几年，有关肖像雕塑的展览在国内渐渐崭露头角，比如中国美术馆举办的“为英模和劳模塑像”和“为新时代人物塑像”以及中央美院举办的肖像展等，都获得了非常良好的社会反响，说明雕塑确实是人民大众乐意接收和喜闻乐见的艺术形式。“文运同国运相牵，文脉同国脉相连”，文艺最根本的出发点就是扎根于人民。以此为契机，本展览正是文学艺术来源人民、扎根人民，并回馈社会、滋养社会的有力行动。本次巡展策划确定的城市为国内一线城市，展览场地也均是当地知名的专业艺术展览馆，目的是营造更广泛的社会影响和传播效益。如沈阳鲁迅美术学院美术馆、深圳关山月美术馆、上海油画雕塑院美术馆、清华大学美术学院美术馆、北京雍阳美术馆，等等，在市民的文化生活中都是为大众所熟知的。

（三）艺术价值

1. 主题特色

此展览是以文化名人为主题，以肖像表现为载体。从历史上来说，与人物有关的雕塑从早期的“单一再现”逐步升华为“肖像艺术”经历了一个漫长的历史演化过程。它作为最古典也是最现代的艺术表现方式之一，具备丰富的可能性与深刻的内涵，也体现了本展览主题所蕴含的社会价值。

2. 专业水准

本展览邀请李象群、吴为山等多位中国雕塑界和学术界有影响力的艺术家参展，并特邀多位知名艺术家进行专项创作，将展现中国肖像雕塑的最高水准。

3. 艺术特色

立足于新时代，肖像艺术的本质不仅是写形、写貌、写影，更是写真、写心、

“百年铸梦——中国文化名人肖像雕塑作品展”鲁迅美术学院美术馆展厅

写神；不仅是历史印记与民族记忆的形象叙事，更具有感染人、鼓舞人、激励人的作用。在作品的艺术特色上遵循的是：

用“写实”展现中国文化名人的风采；

用“正能量”的形象创造时代艺术的新风；

用和谐美好的作品挖掘肖像雕塑的时代特色；

“百年铸梦——中国文化名人肖像雕塑作品展”辽宁美术馆展厅

用大众观者读得懂的语言刻画人物的“真善美”。

二、前期准备情况

（一）深入研究中华人民共和国成立 70 周年、中国共产党诞生 100 周年的发展历程，学习党的十九大关于文艺创作的方针政策，多层面了解新时代下人民大众在精神观念及人文情怀方面的提升，更好地结合人民群众的审美需求，提高本展览在意识形态领域的价值意义。

（二）认真梳理中国当代雕塑家关于文化名人的肖像雕塑作品，邀请了李象群、吴为山、王少军、黎明、吕品昌、杨奇瑞、董书兵、班陵生、李鹤等多位中国雕塑界和学术界有影响力的艺术家参展，并特邀多位知名艺术家对符合本次展览宗旨的主题进行专项创作。深入研究和整理作品，聘请中国美术家协会雕塑艺委会专家对创作和征集的作品进行评选，确定最终展览作品。从展览全局的效果出发，保证作品的丰富性及代表性，用正能量的作品反映近100年来中国共产党领导下有血有肉、有感情、有梦想的中国文化界代表人物的精神风采。目前，应邀参展艺术家和作品已确认。

（三）成立展览筹备委员会，进行展览各方面的前期准备工作。目前相关合作单位已经确定，自筹资金已经落实。北京、上海、深圳、沈阳的展览场地均已落实完毕，各展览场地的使用意向协议均已签署完成。

三、保障条件

鲁迅美术学院作为中国共产党建立的第一所美术院校，拥有雄厚的师资力量，具有国际化的学术研究视野和综合学科的研究平台，多年来举办多次相关类型的交流展览。鲁迅美术学院院长、中国美术家协会副主席李象群教授是本展览项目的策划和组织者之一；项目负责人洪涛教授是中国美术家协会雕塑艺委会副主任，鲁迅美术学院学术委员会成员、雕塑系副主任。在学校的大力支持下，无论是展览的专业水准，还是在展览策划和推广传播等方面，都具有相当多的经验和优势。目前，本项目已经得到了各美术馆和清华大学美术学院的大力协助，在巡回展览中给予展览空间与展期的双向支持，并得到沈阳青铜艺术设计服务有限公司的资金赞助和

《艺术工作》杂志、雕塑头条等媒体宣传方的大力支持。展览前后，中国雕塑网、雅昌艺术网等艺术类媒体将为本次活动进行推广宣传和报道，让展览的信息传播得到更广泛的推广。

四、实施计划

本次巡展共计 4 场，展品 40 件左右。展览安排为：

2020 年 9 月 13—27 日，鲁迅美术学院美术馆；

2020 年 12 月 6—15 日，北京雍阳美术馆 / 清华大学美术学院美术馆；

2021 年 2 月 28 日至 3 月 9 日，上海油画雕塑院美术馆；

2021 年 3 月 14—23 日，深圳关山月美术馆。

巡展完成后，邀请中国美术家协会雕塑艺委会对本次巡展产生的社会效应和学术成果进行专业性反馈，汇集并整理研讨资料，形成学术评价。整理展览资料、艺术家简历、作品图录、每场展览的宣传片、图片、视频、大众反响以及学术活动的记录文件等材料，按期准备结项材料，报送国家艺术基金管理中心结项验收。

艺术人才培训资助项目

艺术人才培训资助项目，资助坚持以习近平新时代中国特色社会主义思想为指导，深入贯彻落实党的二十大精神，坚持为人民服务、为社会主义服务，坚持百花齐放、百家争鸣，坚持创造性转化、创新性发展，围绕举旗帜、聚民心、育新人、兴文化、展形象，建设社会主义文化强国，以培育造就大批德艺双馨的文艺家和规模宏大的文艺人才队伍，推出更多增强人民精神力量的优秀作品为目标的培训项目。

重点资助以造就有影响的各领域艺术领军人物为目标的艺术人才培训活动；关系到舞台艺术和美术事业传承和长远发展的特殊、急需、紧缺的艺术人才培训活动；满足基层艺术事业发展需要的优秀实用型艺术人才培训活动；培养有利于戏曲艺术传承发展的优秀艺术人才培训活动。

第五部分

艺术人才培训资助项目

吉剧《桃李梅》
青年表演人才培训

吉林省戏曲剧院

2020 年度艺术人才培训资助项目

吉剧《桃李梅》青年表演人才培训

吉林省戏曲剧院

2020 年度艺术人才培训资助项目

1960 年，吉林省戏曲剧院创作了吉剧《桃李梅》，讲述了袁家三姐妹与贪官斗智斗勇，最后既惩治了贪官，又成全了各自美满婚姻的故事。吉剧《桃李梅》剧情引人入胜，表演具有浓郁的东北地方特点，舞台气氛生动、热烈，具有很强的观赏性，成为久演不衰的保留剧目，形象分明、疾恶如仇、聪明智慧的三姐妹也成为戏曲人物的经典形象。

60 年来，吉剧《桃李梅》已经成功演出 3000 多场，服务了全国各省（自治区、直辖市）的观众，先后被河北梆子、评剧、唐剧、秦腔、吕剧、茂腔、豫剧、越剧、闽剧等十个地方戏曲剧种移植。2012 年，吉剧《桃李梅》荣获文化部“第二届全国优秀保留剧目大奖”。为弘扬中华优秀传统文化，促进戏曲艺术传承发展，使优秀剧目留得下、传得开，我们计划组织开展吉剧《桃李梅》青年表演人才培训活动，传承经典剧目，培养优秀人才。

一、培训对象

主要面向河北梆子、评剧、唐剧、秦腔、吕剧、茂腔、豫剧、越剧、闽剧等移植过吉剧《桃李梅》的地方戏曲院团，计划在全国范围内招收 15 名优秀青年演员。

二、前期准备

（一）设施条件

吉林省戏曲剧院现有一座能够容纳 400 名观众的剧场，另有共计 1170 平方米的 3 块戏曲排练场地，可为教学实践提供充足的空间。吉林省戏曲剧院为此次培训活动配备了乐队，安排专业琴师、鼓师配合教学实践。

（二）主要师资力量

邬莉，国家一级演员，中国戏剧家协会会员，曾在吉剧《桃李梅》中饰演袁玉梅一角。从艺 50 年来，先后在 20 多部吉剧剧目中担任主要角色，被誉为“吉剧之花”，是吉剧旦角的代表性艺术家。

李松桥，国家一级演员，吉剧第一代小生、老生。代表作品有《燕青卖线》《搬窑》《桃李梅》等，奠定了吉剧小生、须生的表演风格。

肖汉臣，1959 年在吉林省新剧种实验剧团（吉剧团前身）参加第一稿《桃李梅》的演出，饰演书童；在《燕青卖线》中饰演时迁，获吉林省中青年调演二等奖；在《三请樊梨花》的创作中提出用手绢代替令旗，丰富了吉剧手绢技巧的运用范围。培养教导出刘杨、李楠、张权利等学员，曾为中国戏曲学院代培的吉剧毕业生成功导演了吉剧《桃李梅》。

安静芳，国家一级演员，应工刀马旦。在赴港演出的吉剧《三请樊梨花》中饰演樊梨花；在 1992 年赴日本演出的神话吉剧《火焰山》中饰演铁扇公主；在“五个一工程”获奖作品吉剧《关东雪》中饰演主要角色谷玉凤，并担任伴唱。曾多次赴韩国、缅甸、越南、柬埔寨、老挝等国家访演，2001 年应邀赴英国伦敦演出，其精湛的武打技艺深受观众欢迎。

梁学华，国家一级演员，吉林省戏剧家协会会员，应工青衣老旦。在吉剧《鹿乡女人》中饰演关娘，该剧荣获“文华剧目奖”，个人获“第十届中国艺术节优秀表演奖”；主演的吉剧《关东雪》获中宣部“五个一工程”奖、“文华新剧目奖”，个人获表演奖和优秀伴唱奖；主演的吉剧《站醒台》获中宣部“五个一工程”奖；主演的吉剧《一夜皇妃》获全国地方戏曲交流演出（北方片）第一名，本人获表演奖。

李占春，国家一级演员，曾在吉剧《桃李梅》中饰演燕文敏一角。参演剧目曾获“五个一工程”优秀作品奖、“文华表演奖”。

郭培利，正高教授，吉林省 B 类人才，曾任吉林省吉剧团副团长，吉林省地方戏曲剧院副院长。1979 年 7 月毕业于吉林省艺术学校，师从陈金伯、阎宗义、刘金和，主攻文武老生、小生。主要作品有：《屠夫状元》饰演党金龙、《珍妃泪》饰演光绪、《三请樊梨花》饰演薛丁山、电影《桃李梅》饰演洪学勤。1987 年，赴香港参加中国戏曲展演，演出吉剧《桃李梅》饰演燕文敏，扩大了吉剧在全国的影响力。

侯为民，国家一级演员，应工花脸。在《桃李梅》中饰演方亨行，在《醉打山门》中饰演鲁智深。近年来在评剧《宰相胡同》和吉剧《希望的田野》《江姐》等剧目中任副导演。《三请樊梨花》饰演杨凡，获得吉林省戏曲节最佳表演奖。《宰相胡同》在第九届中国艺术节上荣获“文华优秀剧目奖”。

邬莉、李松桥、安静芳、李占春等几位主讲教师均为吉林省戏曲剧院入选文化和旅游部“名家传戏——当代戏曲名家收徒传艺”工程的知名戏曲艺术家，获得过吉林省颁发的“吉剧建设突出贡献奖”，有着丰富的舞台实践和教学经验。

三、培训计划

本项目集中培训时长为 30 天，在长春市集中培训，详细日程安排为：

（一）2020 年 4 月 1—30 日，开始进行招生工作；

（二）2020 年 5 月 1 日，完成学员审核招收工作，发放入学通知书；

（三）2020 年 8 月 22 日，举行开班仪式；

（四）2020 年 8 月 22 日至 9 月 22 日，集中培训。

四、课程设置

遵循戏曲艺术教学规律，充分发挥师生的主观能动性，口传身授和艺术实践，对各行当的表演进行深入讲解。主要课程安排如下。

（一）第一阶段

培训时间：2020 年 8 月 23—24 日。

培训内容：分组学唱腔。

培训要求：唱腔熟练，声情并茂。

培训地点：吉林省戏曲剧院吉剧团二楼排练场、三楼东西排练场、二楼各授课专家工作室。

（二）第二阶段

培训时间：2020 年 8 月 25—27 日。

培训内容：分组说戏。

培训要求：进行人物分析、形体辅导，在教师的指导下，明晰每一个修饰性动作与主体动作间的关系。

培训地点：吉林省戏曲剧院吉剧团二楼排练场、三楼东西排练场、二楼各授课专家工作室。

（三）第三阶段

培训时间：2020 年 8 月 28 日至 9 月 4 日。

培训内容：分组走戏。

培训要求：舞台调度准确，情感表达准确，人物之间的舞台行动要配合准确。

培训地点：吉林省戏曲剧院吉剧团二楼排练场、三楼东西排练场、二楼各授课专家工作室。

（四）第四阶段

培训时间：2020 年 9 月 5—9 日；2020 年 9 月 11—14 日。

培训内容："细拍与粗响"。

培训要求：1. 重点解决主导教师指出的问题。2. 巩固人物之间的调度与交流。3. 准确表达修饰性动作的行动目的。

培训地点：吉林省戏曲剧院吉剧团二楼排练场。

（五）第五阶段

培训时间：2020 年 9 月 15—20 日。

培训内容："响排"。

培训要求：1. 要求学员强化全剧整体感、立体感。2. 强化巩固人物之间交流的和谐性。3. 巩固与乐队配合的节奏性。4. 完成主导教师的所有舞台要求。

培训地点：吉林省戏曲剧院吉剧团二楼排练场。

（六）第六阶段

培训时间：2020 年 9 月 22 日。

培训内容：1. 学员汇报演出。2. 总结大会。

培训要求：为演出安排录像，保存资料。

五、成果形式

以《桃李梅》剧目为教学基础，通过高水平专家的专业辅导与教学和实践相结合的方式，使青年演员们能够掌握各个行当的表演技能，提高学员自身的表演水平，完成汇报演出。此次人才培养项目可以为研习传统戏剧的青年演员们提供一个良好的锻炼和展示自己的机会，增加学员的经验和信心，也为吉剧《桃李梅》这个经典剧目的持续传播打下良好基础，使吉剧这个获得全国优秀保留剧目大奖的戏曲剧种得到更广泛的传播。

民族器乐演奏人才培养

浙江音乐学院

2020 年度艺术人才培训资助项目

民族器乐演奏人才培养

浙江音乐学院

2020 年度艺术人才培训资助项目

中国民族器乐艺术是中国传统文化的重要组成部分。中国民族器乐以其丰富的艺术表达形式屹立于世界各民族音乐舞台，它的美学内涵体现出独一无二的中国味道。本项目拟充分发挥浙江音乐学院基础良好、开放平等、保障得力、投入到位等优势，聘请 40 位左右相关领域的知名专家组成导师队伍，培养和造就一批有望成为具有全国影响力、能够代表民族音乐最高水平的“领军式”人才，为我国民族音乐的发展和繁荣贡献力量。

一、培训对象

面向全国选拔 30 名左右业务功底厚实、发展前景良好、年龄在 40 岁左右的高职称优秀青年民族器乐演奏员作为培养对象。

二、培训计划

本项目集中培训时长为48天，分两个学期完成，集中在浙江音乐学院开展。

三、课程设置

（一）第一阶段

培训时间：2020年3月7日至6月15日。

培训地点：浙江音乐学院。

第一阶段以理论课程为主，以学理—实践—未来的深度构思，架构起第一阶段的培训内容。

理论课：

1. 民族器乐的创新发展：授课教师李诗原；
2. 中国传统乐队组合及当代变革与发展：授课教师杜亚雄；
3. 音乐表演理论建设的思考：授课教师徐敦广；
4. 人与世界的兴会：授课教师高世名；
5. 中国当代民族器乐创作：授课教师朱晓谷；
6. 世界音乐选介及其文化生态分析：授课教师安平；
7. 中国器乐表演艺术研究：授课教师杨九华；
8. 中国民族音乐传承与发展思考：授课教师秦序；
9. 中国戏曲音乐：授课教师刘建宽；
10. 文化中的音乐研究理论与实践：授课教师孟凡玉；
11. 中华优秀民族音乐的价值与实施路径：授课教师夏滟洲；
12. 中国当代民族器乐创作：授课教师王甫建；
13. 基于中外文化融合的民族室内乐当代发展特征：授课教师沈诚；

14. 中国传统文化与当代中国：授课教师田青；

15. 中国传统竹笛与人文世界的对话：授课教师杜如松；

16. 中国古典传统音乐的曲式与作品分析：授课教师陈鸿铎；

17. 当代中国民族管弦乐创作的多元格局：授课教师张萌；

18. 中国音乐美学概论：授课教师王次炤；

19. 解构、重构与建构——谈二胡狂想曲的旋律语言与技法：授课教师王建民；

20. 中国民族器乐的人文性与现代性：授课教师王瑞。

采风考察：

云南少数民族音乐采风，采风地点为云南大理和丽江地区，需提交考察报告一份。授课教师张咏音、何娜，授课时长为40课时。采风第一站走进浙江小百花越剧团，在近距离的观演中感受浙江越剧的艺术魅力；第二站走进中国美术学院，游览风景如画的美院校园；第三站走进浙江艺术职业学院音乐学院，与“江南丝竹音乐演奏团”交流。

（二）第二阶段

培训时间：2020 年 5 月 23 日至 6 月 15 日；2020 年 9 月 7 日至 11 月 13 日。

培训地点：浙江音乐学院。

实践课：第二阶段以实践课程为主，大师课实现一对一指导全覆盖。

理论课：

1. 多元文化视角下中国民族器乐的体裁与叙事：授课教师唐俊乔；

2. 文献记载与现实观照——基于中国古代器乐表演故事的探索：授课教师杨和平；

3. 传统思维与当代民族器乐作品创作的理论思考：授课教师林林；

4. 中国民族管弦乐的发展：授课教师刘沙；

5. 专业指导及示范——阮：授课教师徐阳；

6. 专业指导及示范——笛子：授课教师戴亚；

7. 专业指导及示范——打击乐：授课教师王建华；

8. 专业指导及示范——扬琴：授课教师张高翔；

9. 专业指导及示范——古筝：授课教师王中山；

10. 专业指导及示范——二胡：授课教师严洁敏；

11. 专业指导及示范——笙：授课教师李光陆；

12. 专业指导及示范——古筝：授课教师周望；

13. 专业指导及示范——琵琶：授课教师张强；

14. 专业指导及示范——二胡：授课教师陈春园；

15. 专业指导及示范——唢呐：授课教师石海彬；

16. 专业指导及示范——琵琶：授课教师赵聪；

17. 专业指导及示范——笙：授课教师吴彤。

采风考察：

在浙江省内组织开展民间音乐采风，并提交考察报告一份。授课教师张咏音、何娜，授课时长为 40 课时。采风第四站走进淳安县睦剧团，欣赏当地民间地方戏睦剧的经典剧目唱段；第五站走进极具雅致宋韵的临安博物馆。

在浙江音乐学院组织结业汇报排练及演出。

四、课程亮点

（一）开设人文素养大课，拓展知识视野

邀请音乐学、艺术学、戏曲理论、美术学、国学等领域的专家集中讲授，课程设计将从各人文学科的视角观照民族器乐演奏，帮助青年艺术工作者融会贯通地重新审视民族器乐艺术。

（二）开设民族器乐小课，领略专业精髓

按“在巨人的肩膀上培养巨人”的设计思路，既遵循传统民族器乐演奏教学“一对一”“口传心授”的特点，邀请相关艺术领域的名家、名师为培养对象进行授课，又突破一个专家“一以贯之”的做法，要求同专业和不同专业学员参与旁听并讨论，打通不同乐器之间的壁垒，促进民族器乐的互通和学员的“心灵碰撞”。开班之后，进行学员展示、专家集体评议，制订个性化培养方案。集中培训期间，每学期安排一次专家评议。

（三）开展作品研讨，激发创作欲望

邀请知名民族器乐作曲家和具有即兴演奏经验的演奏家与学员进行艺术交流，帮助青年文艺工作者从创作的视角思考作品，学会分析作品的细节特色，进而成为具有创作能力的演奏家，推动我国民族音乐作品的经典化进程。

（四）组织考察采风，传承民族经典

通过实地采风和调研，带领学员深入基层人民群众中去，和非物质文化遗产传承人当面学习，汲取我国传统音乐之精髓，进而将之融合在之后的艺术实践中。

（五）融合音乐科技媒体技术，提升相关能力

近年来，出现了一些民族器乐与多媒体舞台相结合的成功案例，这类视听盛宴获得了广大人民群众的喜爱。在音乐科技兴起的今天，传统民乐和多媒体设计相融合的潜力巨大，也是未来审美的发展趋势，本项目将依托浙江音乐学院音乐工程系的硬件条件和师资力量,引导青年艺术家学会将传统艺术以多元舞台形式呈现出来。

（六）通过新媒体和项目平台，推广新人新作

本项目将打造集官方网站、公众号、小程序为一体的新媒体平台，推广学员本

人和他们的作品。在此过程中，教会学员如何进行艺术产品包装、艺术产业管理，并借助新媒体手段推广经典艺术。

五、成果形式

本项目将建立表演、创作和研究“三位一体”的培养体系，真正实现新时代民族器乐与传统经典文化的汇流。最终成果形式将以音乐会、作品集、研究文集、实况录像光盘和专题研讨会为主，在此基础上建立新媒体平台公布成果，并推广海内外传播交流。

音乐会展示经过实践和理论相结合的项目培训和学习，学员们分两个阶段举办 7 场音乐会，作为学习成果的汇报，包括 4 场个人汇报音乐会，以及 3 场集体汇报结业音乐会。

西部少数民族青年
中国画创作人才培养

南通大学

2020 年度艺术人才培训资助项目

西部少数民族青年中国画创作人才培养

南通大学

2020 年度艺术人才培训资助项目

南通大学深入研究“一带一路”构想，紧扣长三角一体化的发展契机，关注东部沿海地区与西部少数民族地区在文化艺术交流方面的交融互通，通过“中国画”这一艺术载体，进一步推动东西部文化艺术的繁荣发展。

一、培训对象

本项目拟招收西部少数民族青年中国画创作人员，拟招生人数为 40 人。

二、前期准备

（一）教学环境

学校拥有多媒体教室、专业画室、美术馆、美术展厅。同时配有与江苏省国画院、江苏省美术馆共建的教学实践基地，以及在长白山风景区、西递、宏村、婺源、太行山、大丰麋鹿保护区、松阳等处设有写生基地。这些教学基地都为培训活动起到了保障作用。

（二）师资力量

本项目团队拥有丰富的美术创作与艺术教学双重经验，掌握国内外较先进的美术创作理论和动态。对当代中国画的历史脉络和发展方向有着前瞻性的理解，长期处于当代中国画创作的前沿，有着国际化视野和多元开放的创作理念。

本次培训主要教师有：

周京新，教授，江苏省国画院院长，博士研究生导师，中国美术家协会理事，江苏省美术家协会主席，享受国务院政府特殊津贴专家。

顾平，中国国家画院画家、研究员，中国画硕士研究生导师，民盟中央美术院常务院长，中国美术家协会会员，曾任南京信息工程大学传媒与艺术学院院长、教授。

张卫，南通大学艺术学院副院长（主持工作），一级美术师，中国美术家协会会员、江苏省青年美术家协会副主席、江苏省美术家协会人物画艺委会委员。

吴耀华，南通大学艺术学院教授，硕士研究生导师。教育部高校艺术设计教学指导委员会委员、江苏省人民政府高校教学督导团成员，中国美术家协会会员，江苏省国画院特聘画师，南通市美术家协会副主席。

谢海，《美术天地》总策划、《艺术地带》主编。主编《当代中国水墨画家丛书》《水墨状态 · 中国画名家作品集》《影像与印象 · 走进水墨艺术家工作室》《首届新水墨艺术邀请展作品集》等美术书库，出版《水墨的碎片》《一个人、两个人、一群人——谢海美术批评文集》《二郎信笔》等10余本个人专著和画册。

（三）生源构成

本项目招生采取单位推荐和公开招生相结合的方式进行，招生对象以西部地区市、县基层的少数民族青年中国画创作者为主。

三、培训计划

本项目集中培训时长为60天。培训时间：2020年9月至10月，分两个阶段完成。详细日程如下。

（一）前期准备

4月1日至6月1日，对西部少数民族公示招生信息，与西部少数民族各相关单位、组织联合发布招生简章；

6月2—30日，组织、安排、接受报名工作；

7月1—20日，完成报名资格审核、发放录取通知书；

8月28日，学员报到，发放学习资料及专业学习材料；

8月30日，举行开班仪式。

（二）集中培训

9月1日至10月10日，在南通大学集中培训，共40天；

10月11—30日，到浙江、皖南地区采风写生，共20天。

四、课程安排

本次培训分为理论教学、技能教学、拓展教学、艺术考察、研讨交流等五个部分，其中理论教学包括中外美术史、现当代艺术史、中西美学史、现当代审美思潮；技能教学包括线描、速写、传统绘画临摹与创作（山水、花鸟、人物）、当代水墨画创作；拓展教学包括专业创作、专业理论讲座和艺术市场讲座三个部分；艺术考察包括组织学员参观上海博物馆、南京博物院、浙江省博物馆、中华艺术宫、江苏省美术馆、浙江美术馆等相关艺术机构及部分知名艺术区，并组织学员至江南、皖南、浙西等地区艺术写生；研讨交流，举办东部与西部少数民族中国画创作交流研讨会、学员论坛等。

本次培训主要课程或内容如下。

1. 中国美术史：授课教师李朝霞；

2. 现当代艺术史：授课教师徐宏；

3. 现当代审美思潮：授课教师谢海；

4. 线描：授课教师肖晶；

5. 速写：授课教师张卫；

6. 人体写生：授课教师高源；

7. 传统绘画临摹与创作（山水、花鸟、人物）：授课教师丁杰、周京新、顾平等；

8. 当代水墨画创作：授课教师王国仕；

9. 艺术考察：参观上海博物馆、南京博物院、浙江省博物馆、中华艺术宫、江苏省美术馆、浙江美术馆等相关艺术机构及部分知名艺术区，授课教师吴旭春；

10. 至江南、皖南、浙西等地区艺术写生：授课教师聂松。

五、成果形式

（一）培训结束时，由专业美术出版社出版学员作品集；

（二）举办学员毕业汇报展及巡展，地点拟定于江苏省专业展馆以及西部少数民族高校及相关专业场馆；

（三）举办西部少数民族中国画创作研讨会；

（四）邀请主流媒体做专题报道及培养成果的宣传、推广。

剧院运营管理人才培养

上海戏剧学院

2020 年度艺术人才培训资助项目

剧院运营管理人才培养

上海戏剧学院

2020 年度艺术人才培训资助项目

21 世纪以来，随着我国经济发展水平的提升，各地纷纷掀起剧场建设热潮，各地剧场呈现快速增长的态势。与剧院建设热潮相比，剧院运营管理的整体水平却较为薄弱，人才储备不足成为阻碍剧院发展的重要因素。本项目立足于当前全国剧院运营管理人才极度匮乏的现状，坚持以习近平新时代中国特色社会主义思想为指导，通过培养优秀的剧院运营管理者，提升剧院自身经营能力，助力剧院发展，使剧院充分发挥功能作用，满足人民对美好生活新期待的客观要求，把握时代脉搏，聆听时代声音，增强中华文化自信。

一、主要内容和价值意义

本项目依托上海戏剧学院中国剧院发展研究中心，旨在培养具有开阔的国际视野，掌握专业剧院的经营特点和运作规律，能够在专业剧院从事剧目经纪与策划、营销管理、品牌管理、剧场及院团管理、艺术生产创作管理等复合型高级运营管理人才。本项目聚焦专业剧院运营管理高端人才培养，鼓励学员分享讨论在剧院建设与运营过程中出现的成功案例和经验，针对院团管理过程中场团分割、国际剧院管理潮流与趋势等问题进行重点讨论，并充分发挥中国剧院发展研究中心集聚的跨领域、跨学科、跨专业专家优势，设计符合剧院运营管理学科交叉性特点（涉及艺术学、管理学、经济学、社会学、建筑学等）的教学体系，充分考虑在职人员学习的特点，兼顾实用性和系统性，帮助剧院运营管理高级人才简洁、有效、快速地解决实际工作中遇到的问题。

二、保障条件

（一）设施条件

上海戏剧学院以及主要合作方国家大剧院台湖舞美艺术中心、江苏大剧院为本项目提供有效保障。其中，上海戏剧学院华山路校区拥有红楼教室，新实验空间、端钧剧场等演出场地，食堂餐饮，图书馆等教学场所与配套设施；国家大剧院台湖舞美艺术中心是世界上迄今规模最大、功能最全，集舞美设计制作、排练合成、服装道具仓储、技术交流研讨、对外演出和艺术普及教育于一体的国际舞美制作交流平台；江苏大剧院是中国最大的现代化大剧院，亚洲最大的剧院综合体，包括歌剧厅、戏剧厅、音乐厅、综艺厅、报告厅以及附属配套设施，满足歌剧、舞剧、话剧、戏曲、交响乐、曲艺和大型综艺演出功能需要。

作为主要合作方的国家大剧院以其专业化经营、精细化管理和高技术保障在业界享有盛誉，“国家大剧院模式”将成为本次培训项目的核心教学案例。国家大剧院是国际知名剧院的领袖级成员、国家表演艺术的最高殿堂、艺术普及教育的引领者、中外艺术交流的巨大平台和文化创意产业的重要基地，已经成为全球规模最大、现代化程度最高、艺术生产繁荣、运营效益良好的“中国特色、世界一流”的国家表演艺术中心。

（二）师资力量

上海戏剧学院拥有发展艺术管理学科专业的历史传统和学术积淀，目前集合了全国一流的产学融合型师资队伍与产学对接类科研平台，以“戏剧管理与剧院运营”这一核心领域为根基，充分依托并合理拓展本校传统优势学科群，在全国率先形成了艺术管理本、硕、博完整的人才培养体系。上海戏剧学院具备本项目实施的师资力量，同时具备艺术管理人才培养的条件和经验。

本项目由北京市文联主席、国家大剧院首任院长、中国剧院发展研究中心主任陈平教授领衔，集合上海戏剧学院艺术管理专业的优势，集结剧院团运营管理领域知名专家团队。教学团队所有教师均具有丰富的工作阅历及创作经验，影响力广泛，包括上海戏剧学院院长黄昌勇教授，德国巴登－巴登节庆歌剧院院长安德烈亚斯·莫林－泽布豪斯，维也纳国家歌剧院院长多米尼克·梅耶，德国柏林歌剧基金会总经理乔治·费尔特哈勒，上海戏剧学院董峰教授，国家大剧院剧目制作部部长韦兰芬、舞台技术部部长管建波、台湖舞美艺术中心舞美设计制作总监徐奇、市场部部长金慧，上海大剧院总经理张笑丁、上海大剧院原艺术总监钱世锦，上海文化广播影视集团副总裁陈雨人，中国交响乐发展基金会理事长陈光宪，中国东方演艺集团董事长宋官林，上海戏剧家协会主席杨绍林，北京演艺集团董事长康伟等。

三、课程安排

本项目拟招收学员40人，于2020年7月至8月开展集中培训，为期30天，主要课程如下。

（一）剧院运营管理理论与实务

1. 剧院运营管理：授课教师陈平、安德烈亚斯·莫林－泽布豪斯、多米尼克·梅耶、乔治·费尔特哈勒；

2. 表演艺术团体的经营与管理：授课教师宋官林、康伟、杨绍林、陈光宪；

3. 演出季策划与组织：授课教师陈平、钱世锦、张笑丁；

4. 艺术机构绩效管理：授课教师陈平、陈雨人、康伟、张惠庆；

5. 中国演出行业政策法规：授课教师黄昌勇、杨瑞娴。

（二）艺术生产与舞台管理

1. 剧目制作：授课教师韦兰芬、廖屹、喻荣军、费元洪；

2. 演出制作和技术管理：授课教师管建波、徐奇；

3. 舞台管理：授课教师徐奇、李根实。

（三）艺术营销

1. 艺术营销：授课教师金慧、华书昀；

2. 艺术教育与观众拓展：授课教师钱世锦、张洁；

3. 艺术消费者行为分析：授课教师金慧、焦珂。

四、成果形式

（一）所有学员提交调研报告；

（二）结合课程和调研撰写不少于 5000 字论文；

（三）论文和调研报告择优结集出版。

汉服创新设计人才培养

江南大学

2022 年度艺术人才培训资助项目

汉服创新设计人才培养

江南大学

2022 年度艺术人才培训资助项目

一、主题思想、内容简介、价值与意义

（一）主题思想

汉服是中国“衣冠上国”“礼仪之邦”“锦绣中华”的体现，承载了汉族的染织绣等杰出工艺和美学。近年来，国家对于优秀传统文化的扶持愈加重视，出台了《关于实施中华优秀传统文化传承发展工程的意见》等相关政策推动传统文化的复兴，团中央也牵头举办“中国华服日”等传统文化活动，进一步推动汉服市场发展。随着国人文化自信的回归，“汉服热”在持续升温。但是目前汉服的设计水平存在明显的良莠不齐现象，部分设计师对服装史以及历史文化知识的认知不足，影响到国人对汉服的认知。另外，受汉服价格偏高、频繁穿着容易变旧、日常出行不便等因素影响，目前消费者购买汉服的频次并不高。

团队针对目前汉服设计的客观状况，构建汉服设计人才的培养体系，提高汉服

设计人才的知识素养与设计能力，促进服饰类非物质技艺传承；同时将传统服饰制作技艺与现代时尚设计相结合，促进汉族服饰文化与设计思想的创新发展，让汉服成为国人展现自身文化自信以及精神信仰的窗口。

（二）内容简介

汉服文化的传承核心应在于其内在的精神，传统和现代是可以相互结合的，形制不应成为汉服传承的“枷锁”。汉服未来在传承和重视形制等传统元素的基础上适度融入现代服饰理念和元素，将有利于汉服产业的长期发展。因此，本项目旨在培养能够掌握传统服饰文化内核并且能将其融入现代生活方式、具有创新精神的优秀汉服设计师。

在教学过程中，通过对传统服饰的工艺类别、制作技艺、审美艺术内涵等进行分析归纳，从中汲取民族、民间文化的精华为现代设计提供灵感：第一，注重传习传统服饰史，挖掘传统服饰中的中国风格特征，结合新科技与现代设计工艺结构，综合艺术、材料、管理等学科进行融通性交叉设计研究，带领学员打造具有中国风格的现代服饰，以实现传统美学与现代工艺技术的完美融合；第二，服务现代人的生活方式，利用各类技术手段呈现面料的不同特性，结合传统服饰特征，基于艺术性、时尚性和舒适性的角度研发适合不同阶段人群穿着的中国风格服饰。

（三）价值与意义

1. 强化传统文化特色，培养汉服创新设计人才

本项目以传统服饰文化为依托，致力于我国服饰艺术的传承，并融入高校教学实践与创新之中。以文化深度和艺术创新作为聚焦点始终贯穿于整个教学与人才培养建设中，以江南大学作为传承平台整合学校及企业资源，以教育部中华优秀传统文化传承基地、江苏省非物质文化遗产研究基地与江南大学民间服饰传习馆作为传承基础，为创新教学模式，采用“1+1：理论 + 实践”的课程模式，陆续邀请专业

教师与设计师、企业管理者一起探讨汉服设计的传承与创新路径。

2. 结合新时代发展要求，服务当代国人穿着需要

为了适应新时代的发展要求、生活方式的社会要求、文化传播的国家需求等，我们需要在传统与时尚、民俗与潮流中找到汉族纺织服饰文化与现代时尚设计的契合点，打造属于中华民族独有的“衣文明”风格，这也是本项目的根本价值导向。本项目利用江南大学设计学院服装设计专业的优势，在探讨服装史的基础上，从文化学、艺术学、心理学等角度对汉服设计理念和内涵展开探讨，为开拓设计师的创新思维提供灵感源泉，为丰富汉服产品的艺术内涵注入文化价值，为实现设计理念的快速表达夯实创作基础。将寓意深厚、丰富多彩的优秀文化融汇凝练并带入课程教学，注重将服装设计、纹样设计、配饰设计等课程融入设计师的全面培养过程中。

3. 结合当代市场发展趋势，打造民族文化品牌

数据显示，2020 年我国汉服行业市场规模达 79.6 亿元，汉服爱好者数量达 422.5 万人，截至 2020 年年底中国汉服商家数量已超过 1500 家，汉服市场前景光明。因此，本项目旨在带领学员从时尚与流行、文化与文明等角度系统阐释汉服在当下的传承与发展空间，寻找符合时代和产业发展的汉服营销策略，培育出具有民族特色及市场竞争力的汉服品牌。最终通过把握新时代社会生活的特征与本质，引导和重塑时尚生活方式与穿衣哲学交互共生下的中华特色“衣文明”。

二、前期准备情况

（一）传统服饰实物基础

自 2003 年起，江南大学民间服饰传习馆向全国 15 个省份、36 个县市区进行传统服饰品的征集和田野考察，共收集汉族传统服饰近 5000 件 / 套，涉及袄、褂、衫、袍、裤、裙、蓑衣、云肩、虎头鞋以及各样首饰等 20 余种品类，其中不乏珍贵的服装文物和稀有的服饰配件，具有极高的文化与艺术价值。

（二）师资及人才保障

师资团队致力于传统纺织服饰文化遗产的传承与创新。为保障本项目的专业性和高质量，本项目整合江南大学及中国艺术研究院、清华大学、北京服装学院、东华大学等国内优势研究资源，共同将传统服饰文化的传承与创新融入当代汉服设计的教学实践中，形成鲜明的文化个性及注重实践与科研共生的特色，努力为中华民族传统文化的传承与发扬贡献力量。

（三）场地及设施保障

本项目将宜兴“阳羡茶”文化博览园作为此次教学授课的固定场地。该博物馆为无锡八大博览园之一，场馆面积极大，馆内主要由两部分组成：其一为主楼，共有 8 个展厅展览丰富的藏品，并配有声、光、电等高科技设备；其二为茶苑，设置 3 个独具特色的风情茶馆以供休憩。一方面，宜兴“阳羡茶”文化博览园拥有学术交流、贵宾接待、生活食宿等完备的配套设施，会议室以及投影、音像等一应俱全，为专家授课和学员研习提供了专业便捷的教学场所；另一方面，宜兴“阳羡茶”文化博览园坐落于挂联山脚下，依山望湖，清幽怡人的自然环境为学员们创造出远离喧嚣的安静生活空间，有助于寻觅创作灵感和提高专业综合素养。

三、课程设置

本项目在课程设置上遵循理论与实践相结合的方式，课程主要包括：

1. 学习贯彻习近平总书记关于文艺工作的重要论述：授课教师张超；
2. 中国传统造物美学——古代工艺价值的再认识：授课教师杭间；
3. 汉风国潮流行与时尚创新：授课教师崔荣荣；
4. 中华文化的设计智慧：授课教师周丽；
5. 中国手工刺绣的历史脉络：授课教师李宏复；

6. 从母亲的艺术到时尚的艺术：授课教师李超德；

7. 中国传统服饰设计创新：授课教师吴欣；

8. 非遗视角下的民族工艺与民族服饰：授课教师贾京生；

9. 中华服饰文化的品牌营销与传播：授课教师吴波；

10. 赋能、增值与传播——传统文化的商业价值与品牌力量：授课教师贾玺增；

11. 中国传统纹样与创新设计：授课教师章洁；

12. 从组织结构鉴别传统面料与工艺：授课教师胡霄睿；

13. 非遗传承创新的当代挑战：授课教师李牧；

14. 服饰历史的研究方法与视角：授课教师牛犁；

15. “苗韵”挑花刺绣及其转化：授课教师张成义；

16. 见微知彰 知往鉴今：授课教师谢大勇；

17. 从孔府旧藏服饰看明代的服饰文化：授课教师董进；

18. 传道重器——中国古代服饰中的设计智慧：授课教师蒋玉秋；

19. 中国唐代服饰特色形成因素及影响：授课教师华梅；

20. 传统服饰文化传承与传播：授课教师梁惠娥；

21. 苏绣技艺与实物鉴赏：授课教师姚惠琴；

22. 中国早期服装构式的形成：授课教师周方；

23. 对话古今之汉服再设计：授课教师邢乐；

24. 中国传统染织艺术与设计创新：授课教师张毅；

25. 明清之际的女子服饰风尚：授课教师陈芳；

26. 三加弥尊——明代皇室冠礼及冠礼服研究：授课教师温少华；

27. 汉服创新设计中戏曲服饰女红造物基因的承续思辨：授课教师潘健华；

28. 服饰色彩设计的内涵：授课教师潘春宇；

29. 汉服传统服用纽扣来源考释：授课教师宋炀；

30. 旗袍的前世今生：授课教师崔荣荣；

31. 企业考察与实践：授课教师金上尧、路洋。

四、成果形式

（一）设计创意类和实用类两个系列汉服。每个系列不少于四套，分别绘出彩色效果图。创意类服装强调艺术和风格的表现，注重在尊重历史的基础上，呈现舞台表现力，以及对服装材料和服饰造型的开拓。实用类服装强调市场应用价值，所设计汉服应兼具时尚性和实用性，或开发具有一定功能性的服装系列。

（二）选择其中一个系列制出成衣，并用展板形式表现制作工艺与细节，版面不少于 3 张。成衣系列必须在结业创作阶段独立设计、制作完成。

（三）完成设计报告一份，结合个人设计，忠实、完整地记录设计过程，并阐述对汉服设计的独立思考和真实体会。

（四）通过实物、文字、图片、音频、视频等形式，向公众展示学员的学习记录、课程内容、创作过程、心得体会等内容。对学员的作品进行艺术化、创新性、体验式的全面展示。以动态走秀、静态展览为主，结合“抖音”等短视频平台进行推广，优秀学员作品由杭州俏汉唐文化科技有限公司进行市场推广。

（五）整理培训期间的优秀作品及相关评论文章汇编成优秀作品集，以供宣传推广、文化交流和结项验收。

青年美术评论人才培养

中央美术学院

2022 年度艺术人才培训资助项目

青年美术评论人才培养

中央美术学院

2022 年度艺术人才培训资助项目

一、项目价值和意义

2021 年 8 月，中央宣传部、文化和旅游部、国家广播电视总局、中国文联、中国作协等五部门联合印发了《关于加强新时代文艺评论工作的指导意见》（以下简称《指导意见》），是对习近平总书记关于文艺评论工作重要指示批示精神的具体落实，是加强新时代文艺评论工作、发展文艺评论事业的基本遵循。在此背景下，培养高素质专业化青年美术评论人才，解决文艺评论队伍建设不足，是当前亟须解决的重大问题。项目价值与意义主要有：

第一，加强美术评论的基础理论研究，提升青年评论人才从事美术评论的理论知识和素养。继承创新中国古代美术评论理论优秀遗产，挖掘中国美术评论经典文本，以“中国学理”与“中国文脉”构建中国特色美术评论学科体系、学术体系和话语体系，以期把握好文艺评论的方向盘。同时加强对重大主题美术创作的研究和评论，研讨主题性美术创作的历史经验、本体规律和创新发展，以高水平的理论研究与美术评论推动主题性美术创作实践。

第二，观照当代美术多样的探索实践现象，分析美术创新的时代特征和在全球文化语境中的语言方式与表现方法，研究美术创作与科技发展、社会传播、国际交流的新关系，增强美术评论的历史主动性和文化能动性。开展专业权威美术评论，坚持从作品出发提高评论的专业性，同时将更多优秀的美术作品推介给大众，是美术评论的责任所在。中央美术学院有责任和义务为中国美术评论人才培养贡献力量，为中国美术评论体系建构添砖加瓦。

第三，以青年美术评论人才培养为重点，聚焦梯队建设，促进中国美术评论的有效、持续、健康运转。尽管 20 世纪 80 年代以来涌现出众多美术评论名家，形成多元化的批评格局，但美术评论的后备力量依旧严重缺失，亟待加强培养。本项目将在全国遴选 45 岁以下美术批评青年学者，涵盖高校教师、各省市美协、画院、美术馆、艺术馆以及各类美术机构推荐的文艺评论骨干、重要美术媒体和出版社等专业人员，依托学院在美术评论方向的学科优势、专业视野、强大师资，力求输送具备坚实美术评论基础和批判创新意识的有生力量。

第四，以巩固传统文艺评论阵地为基础，有效构建中国美术评论线上与线下矩阵。在互联网时代，美术基础问题的科普、前沿性问题的深入分析、倾向性问题的多元讨论，须紧跟时事热点，对新人新作展开客观到位的评论，从而规范舆论，输送有效、快速和深刻的审美判断。项目将充分利用新媒体平台，推出更多文艺微评、短评、快评，建立中国美术评论线上线下矩阵。

二、保障条件

（一）专业优势

中央美术学院拥有美术评论领域强大的学科优势。《指导意见》发布后，中央美术学院积极落实文件精神与要求，2021 年 8 月底即成立“中央美术学院文艺评论研究中心”。中心将组织开展文艺领域基础性、前沿性、倾向性问题的研究，肩负起引领新时代文艺评论工作的历史使命。申请该项目为中心首项重要工作，期望以此为牵引，加强人才队伍建设与学术研究工作，依靠培养和集聚科研力量，聚焦美术评论重大问题，发挥“文艺智库”功能，形成高水平、大视野、新视角、前瞻性的成果。学校在组织开展美术评论人才培养方面具有得天独厚的专业优势。

1. 中央美术学院是一个鲜活、生动的美术创作、设计现场

美术评论是与美术创作、文化现象的直接思想碰撞。中央美术学院造型、设计、建筑等学科均采用开放工作室制，体现出当下最前沿、最创新的艺术创作理念。此外，学校美术馆汇集了国内外美术名家和青年艺术家展览，也成为极佳的美术批评现场。

2. 中央美术学院积累了一大批名家名师的创作经验并拥有美术评论传统

中央美术学院完成了极具中国特色的美术教育体系的建立，尤其在美术批评领域，在“两史一论”的成熟学科架构基础上，同步于国际前沿学术视野，辐射发展成美术史、美术理论、展览策划、艺术机构管理、美术教育研究等多专业格局。美术评论教学、实践、研究不仅深刻参与到中国美术评论学科、学术和话语体系的架构与更新之中，同时也在全球舞台贡献了铿锵有力的中国声音。

3. 中央美术学院拥有多学科的知识体系

美术评论是一项需要融合多学科的学术研究工作，中央美术学院一直致力于造型、设计、建筑、人文等学科交叉融合的“大美术”。目前还积极推进科技艺术、社会设计、生物艺术等新型学科发展。此外，在美术史和美术理论知识结构中融入哲学、视觉文化研究、心理学、社会学等学科，推动批评方法论的多元化发展。

4. 中央美术学院有着广泛且活跃的国际艺术交流

传统中国文艺评论的长足发展有待于在坚持构建中国特色评论话语的同时，批判借鉴现代西方文艺理论。有效的学术交流和理论争鸣将推动中国文艺评论形成创

作共识、评价共识和审美共识。中央美术学院通过合作办学、工作坊、学术论坛等形式与国际艺术机构、艺术家、批评家建立密切联系，为开展中国文艺评论的多元文化对话与学术交流提供了可行性。

（二）师资力量

本培训项目的师资将涵盖在海内外颇具学术影响力的著名评论家、策展人、艺术机构负责人、媒体主编等。授课教师由校内专家与校外专家构成。

1. 校内专家

范迪安、邵大箴、易英、殷双喜、余丁、赵力、邱志杰、刘庆和、张绿江、唐晖、李军、张子康、张鹏、邵亦杨、于洋、朱锫、宋协伟、林存真、费俊、张伟、马浚诚、曹庆晖、刘礼宾、杨宏伟、黄小峰、于润生、傅怡静、葛玉君等。

2. 校外专家

仲呈祥、徐里、杜卫、吕品田、杭间、王一川、彭锋、丁宁、朱青生、沈语冰、尚辉、郑工、牛克诚、高建平、张晓凌、陈履生、鲁虹、吴洪亮、毛时安、孙振华、刘悦笛、盛葳等。

三、课程设置

依托中央美术学院数十年来美术史、艺术理论教学经验积淀，学院已形成趋于完善的美术评论课程体系：其一，在通识课程广度、专业课程韧度、研究课程深度之余，力求将前沿学术资讯、思想和成果转化为教学内容；其二，努力建构跨学科、跨专业的课程系统，在推进文艺评论与艺术创作有效互动之余，形成基础理论与评论、策展实践的紧密结合；其三，以《美术研究》《世界美术》两本国家学术刊物为阵地，近三十年来持续举办美术评论研修班，并特别为美术批评青年学者设立“中央美术学院青年艺术批评奖”。

本培训项目将遵循“夯实理论基础、秉承传统文脉、洞悉艺术走向、陶养敏锐视角、赓续批判精神”的研培理念，以“美术创作—理论评论—策展观展”为研培路径，课程涵盖中国文化历史通识课程、中国美术史专题、外国美术史专题、中国美学专题、美育研究专题、中国画学研究专题、中西文艺理论专题、艺术机构与艺术管理专题、中国现当代美术评论专题、全球视野与当代艺术专题，并融入美术创作、展览策划、机构考察、书画鉴藏等实践课程。

结合新时代美术评论新动态与新要求，培训在课程方面拟聚焦以下三个方面：

一是加强对重大主题美术创作的研究与评论。重大主题美术创作是新中国美术创作的重要篇章，新时代以来也涌现出一大批反映中华民族伟大复兴进程的重大历史主题作品。培训将重点研究以上作品对于传承优秀历史文化、弘扬时代主旋律、增强中国文化自信等发挥的重要作用。通过研究与批评，营造良好的主题性美术创作语境，引导创作兼顾艺术创作规律和历史性，引导创作与现实生活、中国语言等相结合，引导主题美术创作在历史的视觉化方面达到新高度。

二是加强对具有中国特色的美术创作的研究与批评。中国美术在冲突与交融共存的全球化语境中占据一定高度。培训项目将着重继续加强对中国画、书法、水印木刻等传统美术形式的研究，也对传统艺术语言在当代艺术中的运用与转换的经典个案和方法进行研究与批评，引导探索创作与批评的中国发展道路，进一步明确新时代美术创作“中国特色”的文化内涵。

三是加强对美术评论方法论、价值标准的研究。培训项目将强化马克思主义批评方法的中国化运用，研究传统中国画学理论的价值精髓和在美术评论中传承弘扬的方式方法，同时对外来哲学、人文社科、批评方法论中有价值的部分进行吸收借鉴。党的十九大报告明确指出，“社会主义文艺是人民的文艺，必须坚持以人民为中心的创作导向，在深入生活、扎根人民中进行无愧于时代的文艺创造”。这明确回答了文艺“为了谁”以及“如何表现”的问题，培训将以“人民性”为核心，兼顾审美价值、艺术性等维度，建立一套具有中国特色的美术评论价值标准。

项目本着提高理论素养、加强能力建设的主旨，在教学上设计了四个单元："美术评论的历史方位""美术评论的时代现场""美术评论的话语文脉""美术评论的方法实践"，邀请50位左右专家学者承担各单元教学。具体课程安排如下。

（一）校外专家课程

1. 仲呈祥：《讲话》精神与美术评论；

2. 徐里：美术经典中的党史；

3. 杜卫：艺术人文价值的阐述；

4. 吕品田：中国民间美术特性；

5. 王一川：中外文艺高峰观及其当代启示；

6. 彭锋：文艺评论需要共识吗？；

7. 毛时安：时代与心灵——美术评论漫谈；

8. 高建平：从《芥子园画传》与《命运之轮》看中欧绘画语汇的差别；

9. 尚辉：中国当代美术评论的基本价值观、当代中国画语言批评；

10. 陈履生：评论的视角与方法；

11. 杭间：技巧还是观念：手工艺术的创作问题；

12. 沈语冰：艺术批评与艺格敷词；

13. 吴洪亮：先研究，后发言；

14. 丁宁：古希腊艺术；

15. 牛克诚：山水画：从传统向现代；

16. 张晓凌：中国当代美术批评的理论建构与实践困境；

17. 郑工：改革开放与中国当代美术思潮；

18. 孙振华：装置与时间；

19. 刘悦笛：回归中国人的"生活美学"。

（二）校内专家课程

1. 范迪安：以历史主动精神推动美术评论建设、美术评论的“神韵”之维、“具体”的评论；

2. 高洪：弘扬中华美育精神；

3. 邵大箴：青年学者的知识和修养；

4. 邱志杰：历史观作为美术评论的基础；

5. 易英：仿像与批评；

6. 殷双喜： 20 世纪美术中的民族与国家叙事；

7. 李军：水、诺曼底与东方——理解印象派艺术的一个视角；

8. 余丁：批评家身份与中国社会的变革；

9. 张子康：面对当下美术馆学术性展览的思考；

10. 张绿江：在时代现场；

11. 唐晖：融合中的共同体；

12. 张伟：中国共产党历史展览馆户外大型主雕《信仰》创作谈；

13. 王颖生：规范与沿革：中国传统重彩壁画的传承与创新；

14. 张鹏：丝绸之路艺术的古今之鉴；

15. 于洋：图像的家国叙事与个体观照：主题性美术创作的历史性与当代性、新中国美术语境下中国画评论的方法与问题；

16. 宋修见：新时代文艺评论中的马克思主义美育视野；

17. 朱锫：根源与创造——有关中国当代建筑实验创新的思考；

18. 宋协伟：设计不在——共同构想与未来契约；

19. 马浚诚：新时代公共艺术的创作与思考；

20. 林存真：道法自然——北京冬奥会的设计美学；

21. 费俊：艺术与科技的跨学科语境与实践；

22. 赵力：艺术机构与艺术产业的新机遇；

23. 杨宏伟：技术、观念、问题——建立工作方法；

24. 邵亦杨：全球视野下的当代艺术；

25. 刘礼宾：艺术家的知识构成与艺术创作。

四、成果形式

（一）在《美术研究》开辟“美术评论与理论”专栏，有计划地推动开展美术评论和理论研究工作，发表学员优秀评论文章。

（二）在中央美术学院艺术资讯网开设“美术评论”研讨专题，同步录制课程内容发布网络平台，以形成最大范围的学术辐射力。

（三）依托中央美术学院艺术资讯网，组织学员就国内外重要展览和艺术现象撰写实时展评，建立线上线下文艺评论协同工作机制，同时力求推出更多文艺微评、短评、快评。

（四）要求学员撰写评论作为结业成果，组织专家遴选，召开学术研讨会。

（五）专家讲演录和学员评论文集结集出版，结业仪式同步举办新书发布会。

青年艺术创作人才资助项目

青年艺术创作人才资助项目，资助坚持以习近平新时代中国特色社会主义思想为指导，深入贯彻落实党的二十大精神，坚持为人民服务、为社会主义服务，坚持百花齐放、百家争鸣，坚持创造性转化、创新性发展，坚定不移听党话、跟党走，怀抱梦想又脚踏实地，敢想敢为又善作善成，坚守艺术理想，追求德艺双馨，讲品位、讲格调、讲责任，努力多创新、出精品，勇于挑大梁、当主角的青年文艺工作者。

重点资助在本专业、本领域已取得一定成绩，具有较大社会影响力、号召力的青年艺术创作和文艺评论工作者；思想进步、富于才华但尚在成长、发展期，给予支持有望成长为优秀人才的青年艺术创作和文艺评论工作者。

第六部分

青年艺术创作人才资助项目

董雷

中国画《山河锦绣 · 悠然浩荡》

2022 年度青年艺术创作人才资助项目

董雷

中国画《山河锦绣 · 悠然浩荡》

2022 年度青年艺术创作人才资助项目

一、申报主体简介

董雷，1981 年生。先后毕业于鲁迅美术学院和中国艺术研究院，美术学博士，艺术学理论博士后，一级美术师。

现任中国国家画院创研规划处处长，博士研究生导师。中国美术家协会会员，中国画学会理事。曾获中央国家机关“青年五四奖章”、文化和旅游部“青年拔尖人才”等称号。创作作品先后入选“第十三届中国艺术节——全国优秀美术作品展”“长河大道——黄河文化主题美术作品展”等，参加各类学术联展数十项。国家社科基金重点科研项目《中国现代美术史》《中国画院史》撰稿人；学术文章曾在《美术观察》《美术》等核心期刊发表，出版有《水静犹明——董雷山水画集》等。

董雷生活照

二、项目简介

（一）主题思想、创作构思和艺术特色

《山河锦绣·悠然浩荡》的创作构思来源于最近几年为扶贫主题美术创作项目、黄河主题美术创作项目和纪念建党百年主题美术创作项目等在搜集素材、采风写生过程中的切身感悟。祖国山川的美好、日新月异的变化、绿水青山的营造、秀美山村的建设，等等，都给予我很大的触动。如何在一个画面之中，将感受到的这些美好集中地呈现出来，经过反复思考，我试图将一种宏阔的山水叙事，通过不同时间、

董雷《跬步江山即寥廓》 240cm×200cm 2022 年

董雷

《万壑千岩锁云烟》

136cm × 68cm

2018 年

空间、场景的交错，凝结在一个画面之中。打破一时一地的客观山水形象的限制，在创作中追求一种审美的共性，更是对内心情感的再现和升华。我希望这幅作品中山水形象的塑造并不是客观的呈现，就像石涛的“搜尽奇峰打草稿”，是历经万千风华、看遍山川景致后，内化于心而外化于形，所以这件“山河锦绣春秋画”，力求带给观众的是激发抛却物象对照的审美共鸣，在画面中感受到崇高、浩荡、充实和力量。

《山河锦绣·悠然浩荡》以现实主义的表现手法进行创作，画面以三段式构图为主，通过云气、水雾的穿插掩映，营造出悠远、灵动的画面风格。在构图上将高远和深远相结合，一方面呈现出祖国山川的崇峻、雄壮，以披麻皴为主，在山石的塑造上不局限在肌理及细节的变化，而是以整体的块面穿插、组合；另一方面要在山石的掩映下铺陈大量的树木，既是对画面空间层次的有效组合分割，同时将亭台、屋宇隐约在山林树石之间，呈现出新时代山水田园的活力与生机。在画面的布局上，会特别注意留白的处理，留下“气眼”，注意画面动静结合以及虚实相生的对比关系。在画面的近景、中景和远景，分别设计不同体量的“气眼”，生动而通透。

《山河锦绣·悠然浩荡》的创作，希望能够在中国共产党成立100周年、脱贫攻坚取得决定性胜利的时间节点上，以巨幅山水画的形式，歌颂现实生活，歌颂中国共产党的伟大功绩，赞美我们的国家山河锦绣、日新月异。我们的民族需要坚挺的山河脊梁，希望能够通过这件作品的创作、展示和交流，激发观众对国家富强、民族振兴、山川巨变的感同身受，激发民族自豪感以及对国家的认同，对中国共产党的热爱。

（二）实施计划

在过去一段时间里，我曾先后到浙江、甘肃、青海等地采风写生，收集了大量的一手创作素材，完成了相关的草图、写生作品数十件，已经完稿的专题创作若干，并参加了多个主题作品展。这都为《山河锦绣·悠然浩荡》的创作打下了坚实基础。

2022 年 1—4 月，“深入生活，扎根人民”，进一步前往边疆地区采风写生，完成作品草图。

5—7 月，就草图向山水画名家请教，有针对性地听取创作意见，进一步完善调整，进行局部微调。

8—10 月，启动作品创作，完成高 2.4 米、宽 2 米的设色国画山水作品，报请国家艺术基金管理中心结项验收。

格日南加

舞蹈舞剧编导《当你像鸟飞往你的山》

2022 年度青年艺术创作人才资助项目

格日南加

舞蹈舞剧编导《当你像鸟飞往你的山》

2022 年度青年艺术创作人才资助项目

一、申报主体简介

格日南加，1984 年生。现任中央民族大学舞蹈学院副教授，北京市优秀教学团队成员，曾获“北京市师德先锋”称号。主教课程有《藏族单元课》《中国民族民间舞教学法》。《藏族舞蹈系列教材建设》获中央民族大学教学成果一等奖。获得过国家艺术基金 2017 年度、2018 年度舞台艺术创作资助项目立项资助，结项成果入选成果运用作品。曾获第十届和第十一届中国舞蹈“荷花奖”作品奖，第八届华北五省舞蹈比赛创作一等奖，韩国首尔国际舞蹈比赛三等奖，欧洲艺术大奖赛一等奖。代表作品有《布衣者》《追忆千年的甲谐》《阿嘎人》《碗情》《羊皮袄》《渡》《青海湖》《华热哇礼赞》《太阳总在左边》等。

格日南加生活照

二、项目简介

（一）主题思想、创作构思和艺术特色

在自然中，人和物渺小得宛如尘埃，在命运的轮回中，人们一直寻找着生命的真谛，作品深刻地表现了对“生”的礼赞和歌颂。《当你像鸟飞往你的山》具有鲜明的藏族文化风格。该剧以“鹰”的形象为素材，通过捕捉鹰的神态并与藏族舞蹈相融合，展现了独有的神秘与魅力，彰显了少数民族特色以及民族文化的传承。

《当你像鸟飞往你的山》描绘了鹰的重生传说。传说鹰是世界上寿命最长的鸟，可以活到 70 岁，当鹰活到 40 岁时，面临生死抉择。它的爪子慢慢老化，它的喙变

格日南加编导作品剧照 1

格日南加编导作品剧照 2

格日南加编导作品剧照 3

得又弯又长，翅膀逐渐长出更加绵密的羽毛，更难飞翔，而鹰只有两个选择，要么等死，要么重生！这是漫长而又痛苦的路程，它会飞往更高的山，啄去自己的喙在岩壁上使劲摩擦，再将自己的指甲一根一根地拔掉，开始漫长的等待……最后，啄掉身上厚重的羽毛，这样就完成了自己的涅槃重生。生命到底是什么，生命是单纯活着吗？编导选择这个题材，是通过鹰来感悟生命如昙花一现，脆弱且坚强、漫长且短暂，其实最终取决于你的态度，歌颂了有意义的生命其实是多样式的。

《当你像鸟飞往你的山》也具有拟人化的寓意，更多的是对生命的感慨，我们要学习鹰一般的精神，走进生活，走向自然。在自己有限的生命中，追求更多无限的可能。编导希望通过这个作品，使更多的人产生共鸣。

（二）实施计划

1. 第一阶段（创作生产）

（1）实施日期

2022 年 3 月 10 日至 12 月 26 日。

（2）具体实施内容

3 月，深入采风，调研舞蹈素材和音乐素材，感受当地文化；

5 月，梳理作品结构，邀请专家学者指导并给出意见；

6 月，作品结构修改完成，进入排练阶段；

7—8 月，完成作品的第一次修改，并实践演出，听取意见，进行作品的第二次修改；

9—11 月，完成第二次作品修改；

12 月，完成定稿工作。

（3）预期目标

一是完善作品结构与人物的关系，并于实践演出后得到专家及群众的认可；

二是丰富“鹰”的动作形态及语汇，更好地呈现藏族的风格特色，升华作品主题思想。

2. 第二阶段（结项验收）

（1）结项时间

2022 年 12 月 26 日。

（2）项目成果形式

一是完成结构清晰完整、内容形式丰富生动、情感真实的舞蹈作品《当你像鸟飞往你的山》；

二是积极推进该作品参加社会举办的各项活动，旨在传播、弘扬中华民族的优秀传统和民族文化。

沈子钰

西洋乐器《沈子钰中提琴独奏会》

2022 年度青年艺术创作人才资助项目

沈子钰

西洋乐器《沈子钰中提琴独奏会》

2022 年度青年艺术创作人才资助项目

一、申报主体简介

沈子钰，1997 年生。上海音乐学院中提琴表演艺术博士研究生在读。本科和硕士研究生均为上海音乐学院和德国克龙贝格音乐院共同培养，师从中提琴教授盛利和今井信子。

曾获纽约国际青年艺术家（YCA）大赛第一名并成为其签约音乐家，15 岁即获英国特蒂斯国际中提琴大赛（30 岁以下）第一名，创大赛历史纪录。屡次在国际重要赛事中获奖，如华盛顿约翰森国际比赛、布拉姆斯国际音乐大赛和东京国际中提琴大赛等。

活跃于知名国际音乐节，并多次受邀在国外举办个人独奏音乐会，如英国威格摩尔音乐厅、法国卢浮宫、美国林肯中心和肯尼迪中心等。曾经合作过的知名音乐家包括安德烈斯·席夫、克莱默、巴什梅特、伊瑟利斯等。担任独奏及与其合作的

沈子钰生活照

乐团包括维也纳广播交响乐团、法兰克福广播交响乐团、汉堡交响乐团、波罗的海室内乐团、日本爱乐乐团等。在近期发行的指挥家艾森巴赫制作的欣德米特室内乐协奏曲唱片中担任独奏。

二、项目简介

（一）主题思想、创作构思和艺术特色

音乐会演奏乐曲将以我国著名作曲家徐孟东的作品《交响幻想曲——为中提琴与管弦乐队而作》为主轴，以与西方经典中提琴作品相结合的艺术展现形式呈现。在旋律的起伏跌宕中，谱出最为绚丽的精彩乐章，奏出永恒、蓬勃盎然的生命之歌，以高质量的艺术标准为社会传递音乐之美。

整场音乐会的曲目选择，以中国文化为主题，融入东西方文化精髓，包括我国

沈子钰演出照 1

沈子钰演出照 2

沈子钰演出照 3

优秀作品、20 世纪国际现代作品和西方传统经典作品等。音乐会的演出不限于音乐厅，还要走进社区，发挥服务群众的作用。计划在几座城市举办高校及社区音乐会，如有机会还将争取出国演出，向世界展示中国优秀的音乐文化。

整场音乐会独具中国韵味，在不同曲目与风格之间互相转换与交叠，在浑厚的中提琴琴音下更显内敛与质朴。同时，搭配钢琴的灵动斑斓，一气呵成。

（二）实施计划

1. 第一阶段

（1）创作生产（2022 年 1 月 1 日至 10 月 17 日）

一是节目筹备，包括完整曲目表、演出人员、舞台制作人员确认等；

二是开展曲目排练、启动宣传；

三是演出之前以及演出期间的宣传推广。

（2）演出（2022 年 3 月 18 日至 10 月 17 日）

首演日期：2022 年 3 月 18 日。

演出安排计划：拟完成 6 场演出，演出地点计划安排在北京、上海、沈阳、南京、杭州等地。

2. 第二阶段（结项验收）

（1）结项日期

2022 年 10 月 31 日。

（2）项目成果形式

按照国家艺术基金管理中心要求整理全部文档资料，提交结项验收报告。

傅怡静

文艺评论《新“惑”新解——

新时代中国画创作现状、问题与对策》

2022年度青年艺术创作人才资助项目

傅怡静

文艺评论《新“惑”新解——新时代中国画创作现状、问题与对策》

2022 年度青年艺术创作人才资助项目

一、申报主体简介

傅怡静，1981 年生。北京师范大学文学博士，中央美术学院博士后，副研究员。现任中央美术学院文艺评论研究中心执行主任，中央美术学院人事处处长。主要研究方向为中国美术史、文艺理论与批评、诗画关系等。在《美术研究》《美术观察》《中国文化研究》《社会科学论坛》《民族文学研究》《中国书画》等刊物上发表学术论文 20 余篇。作为项目负责人主持完成国家社会科学基金艺术学项目“留学生与中国近现代美术”。作为课题组成员参与国家社会科学基金艺术学重大项目“新时代美术创作中的民族精神研究”。

傅怡静生活照

二、项目简介

（一）主题思想、创作构思和艺术特色

百年来，中国画的发展始终与民族国家步入社会主义现代化的进程紧密相连，在历经晚清民初西学思潮冲击下的激进革命之路，新中国时期围绕社会主义建设宏图展开的建设之路，改革开放新时期寻求民族文化创新发展的探索之路，迎来了全球化语境下的建构中国话语、审美理想与文化自信的新时代之路。

回望百年中国画思潮，它是由一个个“惑”和先辈们在“惑”中不断求索、解惑的论争组成的。1917 年，康有为作《万木草堂藏画目序》，抛出中国画“衰败”论；1919 年，陈独秀喊“革王画的命”，倡导“美术革命”；1929 年，第一届全国美展期间的“二徐之争”，对中国画与西方画的价值优劣作出论争，徐悲鸿的“惑”与徐志摩的“不惑”代表了中西画并存发展中不同学术见解的争鸣，从而激发了中国画家对传统文化艺术的重新认识，更进一步在引西润中、融合中西绘画语言体系方面做出努力。其中，徐悲鸿以西方写实主义改良中国画的主张，顺应了内忧外患时代背景下要求中国绘画直接反映现实生活的时代需求，对中国画发展道路产生了历史性的影响。新中国时期的中国画在革命化的社会文化框架中致力于一种“新国画”的确立，对中国画的论争呈现为“新旧之辨”“国画创作与接受遗产”“中国画改造”等思潮运动，这些都是中国画在表现社会现实的总方向基础上的深化发展。1978 年以来的中国画在思想解放与改革创新的时代背景下，进入一个新的发展阶段。这是一个在理性的反思中进行探索和建构的过程，产生了中国画的笔墨语言、中国画的现代性与当代性、中国画的边界等更为广泛的困惑与争鸣。

新时代的中国画在道路方向上，最大的特点是在百年中国美术的历史中获得了发展的重要经验，解决了诸如“传统与现代”“东方与西方”“写实与写意”“新与旧”等二元对立的价值冲突问题，趋向于在辩证思维与艺术规律中推进中国画的整体性发展。比如，在主体性、文化身份认同的困惑中，艺术家敏锐地从信息化时代、消费时代、中国城市化进程等角度切入当代社会及大众生活，着力于推动水墨人物画的现代化转型。在当代艺术的图像场域中，艺术家探索中国画的笔墨作为一种媒介和观念介入当代的方式，由此在不断增强的全球化思潮下实验中国画的新形式。在后现代社会景观中，艺术家坚守对传统的传承取用和创造性转换，力求在新时代文化建设中彰显民族精神。以上构成了新时代中国画的几种重要价值取向和发展路径，是推动建设具有整体观、动态观和辩证观的中国画学体系的重要成果。但不可忽略的是，新时代的中国画也面临着以往任何历史时期不曾有过的多元复杂的文化语境与学术命题，要求文艺工作者在历史性视野的基础上加强中国话语建构的主动意识，发现问题，研究对策，担当起中国画在新时代文化语境下创新性发展的责任。

一是新时代中国画的发展面临着在艺术创造和社会接受两方面都不断提高的新形势下，如何走向深度的问题。二是中国画在表现新时代以来的国家重大成就、重大科技进步、经济发展转型和当代社会建设等极富时代感的题材上，还停留在唯主题论层面，缺乏多样化和差异化的创作表现方式。三是在推动用美术的方式描绘新时代、反映新成就的创作规划中，新时代中国画的创新成果缺乏高峰意识。这需要文艺工作者根据自己的艺术取向，努力拓宽受制于自己的知识结构和文化视野，科学地审视中国画发展中的挑战与机遇，从历史、观念和方法层面找到古为今用、洋为中用的精髓，从而在文艺理论和评论建设上探索中国画学的当代品格。《新“惑”新解》项目将以专题个案的形式，就新时代以来中国画创作的现象级问题展开深度观察和理性分析，探讨如何建立基于历史、现实和艺术发展规律上的中国画发展方向与评价标准，从而发挥文艺评论的引导作用。

（二）实施计划

1. 第一阶段（创作生产）

（1）实施时间

2022 年 1 月 1 日至 11 月 30 日。

（2）具体实施内容

在扎实的史料基础上，分析归纳出不同历史时期中国画的中心问题，确立适合于分析新时代中国画特性的基本思路和研究方法；重点关注在新时代致力于将传统文化艺术资源进行创造性转化的中国画家群体的思想与实践特点，同时兼顾跨界性的学术探索，力图在文艺理论和评论建设上探索中国画学的当代品格。

（3）预期目标

通过研究分析新时代中国画创作现状，发现问题、提出相应对策，并搜集数据、图片资料建立项目相关文献库。

2. 第二阶段（结项验收）

（1）结项时间

2022 年 12 月 31 日。

（2）成果形式

2—3 篇正式发表的文艺评论文章。该项目的研究成果将作为中国画创作和批评领域中的基础应用研究，以期对中国画的创作、教学和评论实践有所启发。

第七部分

国家艺术基金（一般项目）2024年度资助项目申报指南

国家艺术基金
（一般项目）
2024 年度舞台艺术创作
资助项目申报指南

国家艺术基金（一般项目）2024 年度舞台艺术创作资助项目申报指南

国家艺术基金面向社会受理舞台艺术创作资助项目的申报，组织专家评审，确定资助项目和资助额度，并实施监管。

根据《国家艺术基金章程》《中央专项彩票公益金支持国家艺术基金项目资金管理办法》，结合《国家艺术基金项目资助管理办法》等文件，制定本指南。

一、资助要求

本项目资助坚持以习近平新时代中国特色社会主义思想为指导，深入贯彻落实党的二十大精神，坚持为人民服务、为社会主义服务，坚持百花齐放、百家争鸣，坚持创造性转化、创新性发展，围绕举旗帜、聚民心、育新人、兴文化、展形象建

设社会主义文化强国，自觉提升艺术创作的精神能量、文化内涵、艺术价值，着力体现观念和手段相结合、内容和形式相融合的深度创新，集成融合各种艺术要素和技术要素，凝聚文艺原创能力，经得起人民检验和评判，接地气、传得开、留得下，增强人民精神力量的优秀舞台艺术作品。

重点资助坚定文化自信、把握时代脉搏、聆听时代声音，自觉承担起记录新时代、书写新时代、讴歌新时代的使命，抒写中国人民奋斗之志、创造之力、发展之果，用心用情用功展示新时代新征程恢弘气象的重大现实题材作品，特别是当代题材作品；资助坚定历史自信，增强历史主动，秉承正确的历史观，把握历史进程和时代大势，反映中华民族的千年巨变，揭示百年中国的人间正道，弘扬伟大建党精神，弘扬以爱国主义为核心的民族精神和以改革创新为核心的时代精神，唱响昂扬的时代主旋律的作品；资助深入挖掘中华优秀传统文化的思想观念、人文精神、道德规范，坚守中华文化立场，把艺术创造力和中华文化价值融合起来，把中华美学精神和当代审美追求结合起来，赋予其时代内涵和价值的作品。

二、资助类型

（一）已经完成项目策划等创作前期工作，且在 2023 年 4 月 15 日前未安排首演的大型舞台剧和作品。

（二）在 2022 年 1 月 1 日至 12 月 31 日之间创作演出的，深受人民群众喜爱的优秀原创小型剧（节）目和作品。

三、资助范围

（一）大型舞台剧和作品包括：戏曲、话剧、歌剧、舞剧、音乐剧（歌舞剧）、儿童剧、杂技剧、木偶剧、皮影戏、小剧场戏剧、交响乐、民族管弦乐、曲艺（长篇、中篇）和具有创新性、跨界融合特点的表演艺术形式。

（二）小型剧（节）目和作品包括：小戏曲、独幕剧、小话剧、小歌剧、小舞剧、音乐（含单乐章管弦乐、独奏曲、重奏曲、室内乐、民乐小合奏、歌曲、合唱）、舞蹈（含单人舞、双人舞、三人舞、群舞）、曲艺短篇、小品、木偶小剧、皮影小戏、杂技、魔术和具有创新性、跨界融合特点的表演艺术节目等。

四、申请额度

（一）大型舞台剧和作品创作项目申请资助资金的额度不超过以下标准：戏曲、话剧项目 250 万元；歌剧、舞剧、音乐剧（歌舞剧）项目 400 万元；儿童剧项目 120 万元；杂技剧项目 300 万元；木偶剧项目 100 万元；皮影戏项目 60 万元；小剧场戏剧项目 80 万元；交响乐、民族管弦乐项目 120 万元；曲艺（长篇、中篇）项目 50 万元；具有创新性、跨界融合特点的表演艺术形式项目 100 万元。

（二）小型剧（节）目和作品创作项目申请资助资金的额度不超过 10 万元。

（三）艺术基金依据申报项目的艺术门类、规模体量、成本投入等因素，同时参考项目申报主体制定的项目预算核定资助资金。

五、资助方式

（一）对立项资助的大型舞台剧和作品，艺术基金将先期拨付资助资金总额的 50%，作为创作生产的启动经费，主要资助剧本、音乐、编导、舞美设计等创作核心环节；经中期监督合格且首演后，拨付资助资金总额的 30%；完成规定演出场次并验收合格后，拨付剩余 20% 的资助资金。大型舞台剧和作品创作资助项目结项验收时须完成 10 场演出，其中应包括不少于 2 场的公益性演出；同时取得良好社会效益和经济效益的网络直播演出可计入演出场次，但场次不超过 2 场。

（二）对立项资助的小型剧（节）目和作品，艺术基金将先期拨付资助资金总额的 70%，主要用于作品演出，参加下基层、进校园等文化惠民活动；项目完成并验收合格后，拨付剩余 30% 的资助资金。

六、申报条件

（一）本项目的项目申报主体为机构或单位（不含性质为机关法人的单位），其应同时具备以下条件：

1.2020 年 4 月 15 日前在中华人民共和国内地（大陆）同级行政机关登记、注册的机构或单位，在香港特别行政区、澳门特别行政区依法进行商业登记、公司注册或社团登记注册的机构或单位；

2. 对申报项目依法享有完整的著作权，不侵犯任何第三方的著作权或其他合法权益；

3. 申报项目的编剧、导演、音乐、舞美等主创人员应以本省（自治区、直辖市）创作人才为主，其中，外请主创人员原则上不超过 2 人，且主要演员不得从外省聘请，原则上使用本团演员；

4. 项目申报主体应为从事舞台艺术创作演出的机构或单位，具有稳定的创作演出团队。

（二）已获得国家艺术基金立项资助的项目，未能在《申报指南》规定实施周期内提交结项验收或终止申请的，其项目主体不能再获得同一项目类型的资助。

七、申报时间

本项目从 2023 年 4 月 15 日起开始申报，至 6 月 15 日截止申报。国家艺术基金管理中心（以下简称“管理中心”）在申报期内受理项目申报，并提供相关咨询服务，逾期不予受理。

八、申报程序

（一）项目申报主体在规定的申报受理期内，通过国家艺术基金网站（http://www.cnaf.cn），登录“国家艺术基金资助项目管理系统”，按要求填写《国家艺术基金（一般项目）2024 年度舞台艺术创作资助项目申报表》，上传申报材料。

（二）管理中心自申请截止之日起 30 日内，完成对申报项目的审核。符合相关规定的予以受理；不符合相关规定的，不予受理并通知项目申报主体。

（三）对项目申报主体提交的申报材料，管理中心按规定管理，并根据工作需要使用。

九、申报材料

（一）《国家艺术基金（一般项目）2024 年度舞台艺术创作资助项目申报表》。

（二）内地（大陆）项目申报主体须提供同级行政主管部门颁发的登记、注册证书和统一社会信用代码证书；港澳特区项目申报主体须提供商业登记证书、公司注册证书或社团注册证明书等资质证明文件。

（三）申报大型舞台剧和作品创作资助项目的，须提供项目申报主体的营业性演出许可证。

（四）申报小型剧（节）目和作品创作资助项目的，项目申报主体须在申报前征得作品主创人员同意，并提交授权申报协议书，且项目负责人应为作品主创人员。

（五）上一年度财务报表（资产负债表、利润表或收入支出决算表）和本年度 1 月份社会保险个人权益记录（单位缴费信息）。

（六）申报项目已经获得或正在申请其他财政性资金、基金支持以及第三方资助的，须提供相应的批准文件或申报材料。

（七）申报凡涉及党和国家领导人，涉及中国共产党历史、中华人民共和国历史、中国人民解放军历史上重大事件、重要人物和重大决策过程的题材或较多地涉及民族宗教内容的项目，须提供省级文化和旅游行政部门的审读意见。

（八）申报项目的剧本或剧目为改编、移植作品，须提交作品原著和作品的改编权授权协议书等相关授权文件。

（九）申报项目如有外请主创人员，须提交合作意向书或协议书。

（十）申报大型舞台剧和作品创作资助项目的，须提交经过专家论证的完整剧本、专家推荐意见及相关的导演阐述、艺术构思、舞美设计图或草图（灯光设计、人物造型设计、服装设计）、音乐小样和乐谱等文字、图片、音像资料；申报交响乐、民族管弦乐资助项目的，须提交完整乐谱；申报舞剧、杂技剧资助项目的，须提交能够较好反映主题内容、故事结构和艺术呈现的部分舞蹈、节目编排视频。

（十一）申报小型剧（节）目和作品创作资助项目的，须提交配有字幕的完整作品演出视频和演出计划；申报小戏曲、独幕剧、小话剧、小歌剧、小舞剧、曲艺短篇、小品、木偶小剧、皮影小戏资助项目的，须提交作品剧本；申报单乐章管弦乐、独奏曲、重奏曲、室内乐、民乐小合奏资助项目的，须提交作品完整乐谱；申报歌曲、合唱资助项目的，须提交作品歌词和完整乐谱。

（十二）申报材料应于 2023 年 6 月 15 日前通过网络提交，管理中心不接受纸质申报材料。作为附件上传的辅助材料，图片应采用扫描的方式形成，视频应完整清晰，可识别度高。

十、签约实施

（一）确定申报项目为立项资助项目后，管理中心将与项目申报主体签订《国家艺术基金资助项目协议书》。《国家艺术基金（一般项目）2024 年度舞台艺术创作资助项目申报表》作为协议书附件，具有同等约束力。

（二）申报项目立项后，项目主体视为同意按照艺术基金安排，参加艺术基金组织的出版、演出、演播和研讨等宣传推广活动，并将全部项目成果的展览权、放映权、广播权和信息网络传播权等与成果运用相关的著作权以非专有使用许可的方式授予管理中心。

十一、监督验收

（一）资助项目应于2025年6月30日前提交完整的成果材料，参加结项验收。如确需延期完成，必须于2025年4月30日前以书面形式向管理中心提出申请，获得批准后方可延期。延期时间不得超过1年，逾期按相关办法做终止处理。

（二）管理中心将按照《国家艺术基金资助项目监督管理办法》，对资助项目实施情况进行监督，项目实施完成后进行结项验收。对大型舞台剧和作品创作资助项目，管理中心在首演前组织专家进行中期监督；结项验收时，项目主体应提交符合管理中心规定标准的完整视频。

（三）项目主体要保证申报项目在申报及后续实施过程中均不侵犯任何第三方的著作权及其他合法权益。如有侵犯，项目主体依法承担全部责任。

（四）项目主体违反《国家艺术基金章程》及艺术基金其他有关管理规定的，管理中心给予通报批评，并追究责任人相关责任。有下列情形之一的，报国家艺术基金理事会批准后追回已拨资金，并暂停项目主体3年以上申报资格，涉嫌违法违纪的移交有关部门处理：

1. 项目主体在项目实施过程中，侵犯任何第三方的著作权及其他合法权益；

2. 项目实施内容、经费支出、结项成果等与《国家艺术基金资助项目协议书》的约定存在重大差异；

3. 项目主体存在其他弄虚作假、挪用资助资金、违反《国家艺术基金项目资助管理办法》《国家艺术基金资助项目经费管理办法》等情形；

4. 项目主体有其他严重违法违纪行为。

十二、其他

（一）获得立项资助的大型舞台剧和作品创作项目在首演前，未经管理中心同意，项目主体不得自行安排资助项目作品的出版、演出或出售资助项目的成果。

（二）资助项目在演出、宣传、出版，以及参加展演、会演和重大节庆活动时，应在相关场所和材料显著位置标注“彩票公益金资助——中国福利彩票和中国体育彩票”和“国家艺术基金资助”标识。

（三）艺术基金对项目主体在项目申报、实施过程中与第三方产生的纠纷不承担任何责任。

（四）管理中心对本指南拥有最终解释权。

（五）本指南自发布之日起实施。

国家艺术基金
（一般项目）
2024 年度美术创作
资助项目申报指南

国家艺术基金（一般项目）2024 年度美术创作资助项目申报指南

国家艺术基金面向社会受理美术创作资助项目的申报，组织专家评审，确定资助项目和资助额度，并实施监管。

根据《国家艺术基金章程》《中央专项彩票公益金支持国家艺术基金项目资金管理办法》，结合《国家艺术基金项目资助管理办法》等文件，制定本指南。

一、资助要求

本项目资助坚持以习近平新时代中国特色社会主义思想为指导，深入贯彻落实党的二十大精神，坚持为人民服务、为社会主义服务，坚持百花齐放、百家争鸣，坚持创造性转化、创新性发展，围绕举旗帜、聚民心、育新人、兴文化、展形象建

设社会主义文化强国，体现文化艺术审美功能和精神培育引领功能相统一，热忱描绘新时代新征程的恢宏气象，展现中华历史之美、山河之美、文化之美，增强人民精神力量的优秀美术作品创作。

重点资助以现实主义精神和浪漫主义情怀观照人民的生活、命运、情感，反映人民的喜怒哀乐和气象万千的生活景象，讴歌奋斗人生、刻画最美人物、描绘祖国秀美山河，具有显著时代意义和历史、文化、学术价值的美术作品；聚焦历史题材和现实题材的主题性美术作品，特别是反映党的十八大以来党和国家事业取得的历史性成就、发生的历史性变革，弘扬伟大建党精神，弘扬以爱国主义为核心的民族精神和以改革创新为核心的时代精神，唱响昂扬的时代主旋律的主题性美术作品。

二、资助范围

本项目资助中国画、油画、版画、雕塑、水彩（粉）画、漆画和书法、篆刻等新作品创作。申报项目可为单幅、单件作品，也可为整组作品。

创作作品的尺幅、尺度为：中国画、油画、水彩（粉）画作品单幅不小于 1.5 × 1.5 米；版画、漆画作品单幅不小于 1 × 1 米；雕塑作品单件最长边不小于 1.2 米，应为硬质材料；书法作品单件不小于 1 × 1.8 米；篆刻作品单件不小于 0.035 × 0.035 米。不在规定尺幅和尺度范围内的作品，应在申报项目时特别注明。

三、申请额度

（一）申请资助资金的额度不超过 10 万元。

（二）艺术基金依据申报项目的艺术门类、规模体量、成本投入等因素，同时参考项目申报主体制定的项目预算核定资助资金。

四、资助方式

艺术基金对立项资助项目，将先期拨付资助资金总额的50%；项目完成并验收合格后，拨付剩余50%的资助资金。资助资金主要用于创作采风、资料收集和材料购置等与创作有关的支出。对资助成果，国家艺术基金将与相关文化艺术机构、单位合作开展推广运用工作。

五、申报条件

（一）本项目的项目申报主体为个人，其应同时具备以下条件：

1. 具有中华人民共和国内地（大陆）户籍或获得香港特别行政区、澳门特别行政区永久性居民身份的中国公民；

2. 对申报项目依法享有完整的著作权，不侵犯任何第三方的著作权或其他合法权益；

3. 由本人所在地区或所属系统县级及以上文化和旅游行政部门、美术家协会（学会）、画（书）院、美术馆或开设美术创作研究专业的高等院校（所）等机构、单位出具推荐意见。

（二）已获得其他国家级美术工程资助的项目和作品，不能重复申报本项目；已获得“国家艺术基金美术创作资助项目”和“国家艺术基金青年艺术创作人才资助项目”的项目主体，在资助项目尚未提交结项验收前，不能参与本年度项目申报。本项目与“国家艺术基金2024年度青年艺术创作人才资助项目”不能兼报。

六、申报时间

本项目从2023年4月15日起开始申报，至6月15日截止申报。国家艺术基金管理中心（以下简称“管理中心”）在申报期内受理项目申报，并提供相关咨询服务，逾期不予受理。

七、申报程序

（一）项目申报主体在规定的申报受理期内，通过国家艺术基金网站（http://www.cnaf.cn），登录“国家艺术基金资助项目管理系统”，按要求填写《国家艺术基金（一般项目）2024年度美术创作资助项目申报表》，上传申报材料。

（二）管理中心自申请截止之日起30日内，完成对申报项目的审核。符合相关规定的予以受理；不符合相关规定的，不予受理并通知项目申报主体。

（三）对项目申报主体提交的申报材料，管理中心按规定管理，并根据工作需要使用。

八、申报材料

（一）《国家艺术基金（一般项目）2024年度美术创作资助项目申报表》。

（二）内地（大陆）项目申报主体须提交身份证；港澳特区项目申报主体须提交港澳永久性居民身份和中国公民身份的证明。

（三）申报凡涉及党和国家领导人，涉及中国共产党历史、中华人民共和国历史、中国人民解放军历史上重大事件、重要人物和重大决策过程的题材或较多地涉及民族宗教内容的项目，须提供省级文化和旅游行政部门的审读意见。

（四）申报项目已经获得或正在申请其他财政性资金、基金支持以及第三方资助的，须提供相应的批准文件或申报材料。

（五）项目申报主体曾在本领域获得专业奖项或参加过省级及以上展览活动的，须提交获奖、参展证书。

（六）项目申报主体代表性作品照片 5 至 10 幅和申报项目的创作构思草图、初稿或作品小样的照片。

（七）申报材料应于 2023 年 6 月 15 日前通过网络提交，管理中心不接受纸质申报材料。作为附件上传的辅助材料，图片应采用扫描的方式形成，视频应完整清晰，可识别度高。

九、签约实施

（一）确定申报项目为立项资助项目后，管理中心将与项目申报主体签订《国家艺术基金资助项目协议书》。《国家艺术基金（一般项目）2024 年度美术创作资助项目申报表》作为协议书附件，具有同等约束力。

（二）申报项目立项后，项目主体视为同意按照艺术基金安排，参加艺术基金组织的出版、展览、演播和研讨等宣传推广活动，并将全部项目成果的展览权、放映权、广播权和信息网络传播权等与成果运用相关的著作权以非专有使用许可的方式授予管理中心。

十、监督验收

（一）资助项目应于 2025 年 10 月 31 日前提交完整的成果材料，参加结项验收。如确需延期完成的，必须于 2025 年 8 月 31 日前以书面形式向管理中心提出申请，获得批准后方可延期。延期时间不得超过 1 年，逾期按相关办法做终止处理。

（二）管理中心将按照《国家艺术基金资助项目监督管理办法》，对资助项目实施情况进行监督，并组织专家对资助项目进行结项验收。

（三）项目主体要保证申报项目在申报及后续实施过程中均不侵犯任何第三方的著作权及其他合法权益。如有侵犯，项目主体依法承担全部责任。

（四）项目主体违反《国家艺术基金章程》及艺术基金其他有关管理规定的，管理中心给予通报批评，并追究责任人相关责任。有下列情形之一的，报国家艺术基金理事会批准后追回已拨资金，并暂停项目主体3年以上申报资格，涉嫌违法违纪的移交有关部门处理：

1. 项目主体在项目实施过程中，侵犯任何第三方的著作权及其他合法权益；

2. 项目实施内容、经费支出、结项成果等与《国家艺术基金资助项目协议书》的约定存在重大差异；

3. 项目主体存在其他弄虚作假、挪用资助资金、违反《国家艺术基金项目资助管理办法》《国家艺术基金资助项目经费管理办法》等情形；

4. 项目主体有其他严重违法违纪行为。

十一、其他

（一）资助项目结项验收前，未经管理中心书面同意，项目主体不得以国家艺术基金资助项目的名义安排资助项目作品的出版、展览以及出售、捐赠资助项目的作品。结项验收合格后，方可开展上述活动并应在相关场所和材料显著位置标注“彩票公益金资助——中国福利彩票和中国体育彩票”和“国家艺术基金资助”标识。

（二）艺术基金对项目主体在项目申报、实施过程中与第三方产生的纠纷不承担任何责任。

（三）管理中心对本指南拥有最终解释权。

（四）本指南自发布之日起实施。

国家艺术基金
（一般项目）
2024 年度传播交流推广
资助项目申报指南

国家艺术基金（一般项目）2024 年度传播交流推广资助项目申报指南

国家艺术基金面向社会受理传播交流推广资助项目的申报，组织专家评审，确定资助项目和资助额度，并实施监管。

根据《国家艺术基金章程》《中央专项彩票公益金支持国家艺术基金项目资金管理办法》，结合《国家艺术基金项目资助管理办法》等文件，制定本指南。

一、资助要求

本项目资助坚持以习近平新时代中国特色社会主义思想为指导，深入贯彻落实党的二十大精神，坚持为人民服务、为社会主义服务，坚持百花齐放、百家争鸣，坚持创造性转化、创新性发展，围绕举旗帜、聚民心、育新人、兴文化、展形象建

设社会主义文化强国，促进满足人民文化需求和增强人民精神力量相统一，努力实现社会效益和经济效益相统一的优秀艺术作品演出、展览项目。

重点资助改革开放以来特别是党的十八大以来创作生产的优秀艺术作品演出、展览活动；配合国家重大战略实施和重要国际交往活动，围绕国家重大纪念活动和重要时间节点举办的优秀艺术作品演出、展览活动；深入市、县基层，深入革命老区、民族地区、边疆地区开展的优秀艺术作品演出、展览活动；省级及以上国有文艺院团与基层文艺院团联合开展的优秀作品演出活动；获得国家艺术基金舞台艺术创作项目资助，在结项验收后继续进行重大加工修改提高，艺术质量有明显提升，取得良好社会效益作品的演出活动。

二、资助范围

本项目资助优秀舞台艺术、美术、书法、摄影和工艺美术作品等在国内外的演出、展览。不资助艺术工作者个人作品的演出展览、纪念活动、节庆赛事等；不资助古代艺术品（文物）展览、非物质文化遗产原貌展示的项目。

三、申请额度

（一）申请资助资金的额度不超过 150 万元。

（二）在国内实施的项目，可申请不高于项目总成本预算额度 50%的匹配资助；在国外实施的项目，可申请不高于项目总成本预算额度 30%的匹配资助。

（三）艺术基金依据申报项目的艺术门类、规模体量、成本投入等因素，同时参考项目申报主体制定的项目预算核定资助资金。

四、资助方式

（一）演出项目资助资金主要用于演出补助、运输费、差旅费、学术研讨费和宣传费等；展览项目资助资金主要用于展出补助、策展费、布（撤）展费、运输费、差旅费、展品制作（装裱、洗印）费、学术研讨费和宣传费等。

（二）深入实施国家文化数字化战略，支持线下演出、展览与线上展播活动相融合，可安排不超过演出、展览总场次 20% 的网络展播场次。

（三）对具备实施条件的资助项目，艺术基金将先期拨付资助资金总额的 70% 作为项目实施经费；项目完成并验收合格后，拨付剩余 30% 的资助资金。

五、申报条件

（一）本项目的项目申报主体为机构或单位（不含性质为机关法人的单位），其应同时具备以下条件：

1. 2020 年 4 月 15 日前在中华人民共和国内地（大陆）同级行政机关登记、注册的机构或单位，在香港特别行政区、澳门特别行政区依法进行商业登记、公司注册或社团登记注册的机构或单位；

2. 已经完成了申报项目的前期工作，能够提供详实、可行的工作方案，与演出展览承接方签署的协议和已落实资金证明。

（二）申报舞台艺术作品演出项目，应于项目申报前完成作品创作演出。

（三）申报美术、书法、摄影和工艺美术作品展览项目，应于项目申报前完成作品创作和征集工作。

（四）在国外开展的项目须有国外合作方提供的邀请函。国外合作方应为有实力、有经验、有渠道、有平台、有影响力、有资质的专业机构，能够安排主流场所，吸引主流观众。

（五）已获得国家艺术基金立项资助的项目，未能在《申报指南》规定实施周期内提交结项验收或终止申请的，其项目主体不能再获得同一项目类型的资助；已获得国家艺术基金舞台艺术创作项目资助的剧目和作品，在尚未提交结项验收前，不能申报本年度传播交流推广资助项目；已获得国家艺术基金 2022 年度或者 2023 年度传播交流推广项目资助的演出和展览，不能申报本年度传播交流推广资助项目。

六、申报时间

本项目从 2023 年 4 月 15 日起开始申报，至 6 月 15 日截止申报。国家艺术基金管理中心（以下简称“管理中心”）在申报期内受理项目申报，并提供相关咨询服务，逾期不予受理。

七、申报程序

（一）项目申报主体在规定的申报受理期内，通过国家艺术基金网站（http://www.cnaf.cn），登录“国家艺术基金资助项目管理系统”，按要求填写《国家艺术基金（一般项目）2024 年度传播交流推广资助项目申报表》，上传申报材料。

（二）管理中心自申请截止之日起 30 日内，完成对申报项目的审核。符合相关规定的予以受理；不符合相关规定的，不予受理并通知项目申报主体。

（三）对项目申报主体提交的申报材料，管理中心按规定管理，并根据工作需要使用。

八、申报材料

（一）《国家艺术基金（一般项目）2024 年度传播交流推广资助项目申报表》。

（二）内地（大陆）项目申报主体须提供同级行政主管部门颁发的登记、注册证书和统一社会信用代码证书；港澳特区项目申报主体须提供商业登记证书、公司注册证书或社团注册证明书等资质证明文件。

（三）申报舞台艺术作品演出项目的，须提供项目申报主体的营业性演出许可证。

（四）已落实资金证明，上一年度财务报表（资产负债表、利润表或收入支出决算表）和本年度 1 月份社会保险个人权益记录（单位缴费信息）。

（五）申报项目已经获得或正在申请其他财政性资金、基金支持以及第三方资助的，须提供相应的批准文件或申报材料。

（六）开展传播交流推广活动的工作方案，与承接演出展览的剧场、展馆、线上展播数字化平台签署的协议。

（七）申报凡涉及党和国家领导人，涉及中国共产党历史、中华人民共和国历史、中国人民解放军历史上重大事件、重要人物和重大决策过程的题材或较多地涉及民族宗教内容的项目，须提供省级文化和旅游行政部门的审读意见。

（八）在国外开展的项目申报前须征得同级文化和旅游行政部门的同意，并提供相关证明材料。

（九）演出项目须提交完整的参演作品视频，展览项目须提交全部参展作品的图片。

（十）做过重大加工修改提高的国家艺术基金资助的舞台剧和作品，须提交修改工作方案、总结和详实的证明材料。

（十一）申报材料应于 2023 年 6 月 15 日前通过网络提交，管理中心不接受纸质申报材料。作为附件上传的辅助材料，图片应采用扫描的方式形成，视频应完整清晰，可识别度高。

九、签约实施

（一）确定申报项目为立项资助项目后，管理中心将与项目申报主体签订《国家艺术基金资助项目协议书》。《国家艺术基金（一般项目）2024 年度传播交流推广资助项目申报表》作为协议书附件，具有同等约束力。

（二）申报项目立项后，项目主体视为同意按照艺术基金安排，参加艺术基金组织的出版、演出、展览、演播和研讨等宣传推广活动，并将全部项目成果的展览权、放映权、广播权和信息网络传播权等与成果运用相关的著作权以非专有使用许可的方式授予管理中心。

十、监督验收

（一）资助项目应于 2025 年 10 月 31 日前提交完整的成果材料，参加结项验收。如确需延期完成，必须于 2025 年 8 月 31 日前以书面形式向管理中心提出申请，获得批准后方可延期。延期时间不得超过 1 年，逾期按相关办法做终止处理。

（二）管理中心将按照《国家艺术基金资助项目监督管理办法》，对资助项目实施情况进行监督，并组织专家对资助项目进行结项验收。

（三）项目主体要保证申报项目在申报及后续实施过程中均不侵犯任何第三方的著作权及其他合法权益。如有侵犯，项目主体依法承担全部责任。

（四）项目主体违反《国家艺术基金章程》及艺术基金其他有关管理规定的，管理中心给予通报批评，并追究责任人相关责任。有下列情形之一的，报国家艺术基金理事会批准后追回已拨资金，并暂停项目主体 3 年以上申报资格，涉嫌违法违纪的移交有关部门处理：

1. 项目主体在项目实施过程中，侵犯任何第三方的著作权及其他合法权益；

2. 项目实施内容、经费支出、结项成果等与《国家艺术基金资助项目协议书》

的约定存在重大差异；

3. 项目主体存在其他弄虚作假、挪用资助资金、违反《国家艺术基金项目资助管理办法》《国家艺术基金资助项目经费管理办法》等情形；

4. 项目主体有其他严重违法违纪行为。

十一、其他

（一）资助项目在实施过程中，应在相关场所和材料显著位置标注“彩票公益金资助——中国福利彩票和中国体育彩票”和“国家艺术基金资助”标识。

（二）艺术基金对项目主体在项目申报、实施过程中与第三方产生的纠纷不承担任何责任。

（三）管理中心对本指南拥有最终解释权。

（四）本指南自发布之日起实施。

国家艺术基金
（一般项目）
2024 年度艺术人才培训
资助项目申报指南

国家艺术基金（一般项目）2024年度艺术人才培训资助项目申报指南

国家艺术基金面向社会受理艺术人才培训资助项目的申报，组织专家评审，确定资助项目和资助额度，并实施监管。

根据《国家艺术基金章程》《中央专项彩票公益金支持国家艺术基金项目资金管理办法》，结合《国家艺术基金项目资助管理办法》等文件，制定本指南。

一、资助要求

本项目资助坚持以习近平新时代中国特色社会主义思想为指导，深入贯彻落实党的二十大精神，坚持为人民服务、为社会主义服务，坚持百花齐放、百家争鸣，坚持创造性转化、创新性发展，围绕举旗帜、聚民心、育新人、兴文化、展形象建

设社会主义文化强国，以培育造就大批德艺双馨的文艺家和规模宏大的文艺人才队伍，推出更多增强人民精神力量的优秀作品为目标的培训项目。

重点资助以造就有影响的各领域艺术领军人物为目标的艺术人才培训活动；关系到舞台艺术和美术事业传承和长远发展的特殊、急需、紧缺的艺术人才培训活动；满足基层艺术事业发展需要的优秀实用型艺术人才培训活动；培养有利于戏曲艺术传承发展的优秀艺术人才培训活动。

二、资助范围

本项目资助范围包括：舞台艺术、美术、书法、摄影和工艺美术等领域创作人才、经营管理人才和文艺评论人才培训。不资助古代艺术品（文物）保护利用人才培训、非物质文化遗产传承人培训和以城乡空间规划设计为主要内容的人才培训项目。培训分为短期培训和中长期培训。

（一）项目设计要遵循高层次、小批量原则，体现灵活性、多样化特点，鼓励艺术经验的直接传授和在实践中提升经营管理能力，围绕具体创作任务出作品、出人才。

（二）创作人才培训重在艺术实践和经验传授，注重提升专业技能、拓宽艺术视野和培养创新能力；经营管理人才培训重在培养熟悉艺术创作生产规律，了解市场运行机制，能够做好艺术作品宣传推广和市场经营工作的复合型人才；文艺评论人才培训重在培养能够针对创作实践开展文艺评论的人才；“高端艺术人才国外研修计划”重在与国外艺术机构、单位合作开展培训活动，选派、支持优秀艺术人才赴国外艺术团体和经营机构学习实践，提升专业技能，提高推广交流和经营管理能力。

三、申请额度

艺术基金依据申报项目的培训类别、学员数量、授课时长等因素，同时参考项目申报主体制定的项目预算核定资助资金。

四、资助方式

（一）艺术基金对聘请教师、学员交通食宿、租赁培训场所和开展艺术实践活动等给予资助，承担项目的机构或单位须将资助资金全部用于项目开支，不得向学员收取学费等其他费用，不得与自行举办的其他培训项目拼班、交叉。

（二）对具备实施条件的资助项目，艺术基金将先期拨付资助资金总额的 50% 作为启动经费；项目开班经中期监督合格后，拨付资助资金总额的 30%；项目完成并验收合格后，拨付剩余 20% 的资助资金。

（三）承担项目的机构或单位应适度控制培训规模，短期培训原则上参加培训的学员应控制在 30 名以内，最多不能超过 50 名；中长期培训原则上参加培训的学员应控制在 20 名以内，最多不能超过 30 名。要面向全国择优遴选培训对象，学员确定后应将名单及个人简历报送国家艺术基金管理中心（以下简称“管理中心”）备案。

（四）承担项目的机构或单位应保证培训时间，短期培训原则上培训时间应不少于 2 个月，不超过 6 个月，且集中培训时间应不少于 1 个月；中长期培训原则上培训时间应不少于 1 年，且集中培训时间应不少于 6 个月；“高端艺术人才国外研修计划”项目安排在国外学习实践时间应不少于 2 个月。培训可依据具体项目的特点和人才培养要求分批次、分地域进行。

五、申报条件

（一）本项目的项目申报主体为机构或单位（不含性质为机关法人的单位），其应同时具备以下条件：

1. 2020 年 4 月 15 日前在中华人民共和国内地（大陆）同级行政机关登记、注册的机构或单位，在香港特别行政区、澳门特别行政区依法进行商业登记、公司注册或社团登记注册的机构或单位；

2. 具备完善的管理制度，与实施项目相匹配的教学实践资源、师资力量和设施条件，能够提供详实、可行的培训方案。鼓励艺术创作单位与艺术教育科研单位合作开展项目。

（二）已获得国家艺术基金立项资助的项目，未能在《申报指南》规定实施周期内提交结项验收或终止申请的，其项目主体不能再获得同一项目类型的资助。

六、申报时间

本项目从 2023 年 4 月 15 日起开始申报，至 6 月 15 日截止申报。管理中心在申报期内受理项目申报，并提供相关咨询服务，逾期不予受理。

七、申报程序

（一）项目申报主体在规定的申报受理期内，通过国家艺术基金网站（http://www.cnaf.cn），登录“国家艺术基金资助项目管理系统”，按要求填写《国家艺术基金（一般项目）2024 年度艺术人才培训资助项目申报表》，上传申报材料。

（二）管理中心自申请截止之日起 30 日内，完成对申报项目的审核。符合相关规定的予以受理；不符合相关规定的，不予受理并通知项目申报主体。

（三）对项目申报主体提交的申报材料，管理中心按规定管理，并根据工作需要使用。

八、申报材料

（一）《国家艺术基金（一般项目）2024 年度艺术人才培训资助项目申报表》。

（二）内地（大陆）项目申报主体须提供同级行政主管部门颁发的登记、注册证书和统一社会信用代码证书；港澳特区项目申报主体须提供商业登记证书、公司注册证书或社团注册证明书等资质证明文件。

（三）上一年度财务报表（资产负债表、利润表或收入支出决算表）和本年度 1 月份社会保险个人权益记录（单位缴费信息）。

（四）申报项目已经获得或正在申请其他财政性资金、基金支持以及第三方资助的，须提供相应的批准文件或申报材料。

（五）开展艺术人才培训项目的工作方案、完整课程安排、全部授课教师简介，以及与授课教师签署的协议。

（六）申报项目涉及国外培训活动的，须提供与国外合作机构的合作协议。

（七）申报材料应于 2023 年 6 月 15 日前通过网络提交，管理中心不接受纸质申报材料。作为附件上传的辅助材料，图片应采用扫描的方式形成，视频应完整清晰，可识别度高。

九、签约实施

（一）确定申报项目为立项资助项目后，管理中心将与项目申报主体签订《国家艺术基金资助项目协议书》。《国家艺术基金（一般项目）2024 年度艺术人才培训资助项目申报表》作为协议书附件，具有同等约束力。

（二）申报项目立项后，项目主体视为同意按照艺术基金安排，参加艺术基金组织的出版、演出、展览、演播和研讨等宣传推广活动，并将全部项目成果的展览权、放映权、广播权和信息网络传播权等与成果运用相关的著作权以非专有使用许可的方式授予管理中心。

十、监督验收

（一）资助项目应于 2025 年 6 月 30 日前提交完整的成果材料，参加结项验收。如确需延期完成，必须于 2025 年 4 月 30 日前以书面形式向管理中心提出申请，获得批准后方可延期。延期时间不得超过 1 年，逾期按相关办法做终止处理。

（二）管理中心将按照《国家艺术基金资助项目监督管理办法》，对资助项目实施情况进行监督，并组织专家对资助项目进行结项验收。

（三）项目主体应加强对授课内容的管理，录制全部课程的完整视频。

（四）项目主体要保证申报项目在申报及后续实施过程中均不侵犯任何第三方的著作权及其他合法权益。如有侵犯，项目主体依法承担全部责任。

（五）项目主体违反《国家艺术基金章程》及艺术基金其他有关管理规定的，管理中心给予通报批评，并追究责任人相关责任。有下列情形之一的，报国家艺术基金理事会批准后追回已拨资金，并暂停项目主体 3 年以上申报资格，涉嫌违法违纪的移交有关部门处理：

1. 项目主体在项目实施过程中，侵犯任何第三方的著作权及其他合法权益；

2. 项目实施内容、经费支出、结项成果等与《国家艺术基金资助项目协议书》的约定存在重大差异；

3. 项目主体存在其他弄虚作假、挪用资助资金、违反《国家艺术基金项目资助管理办法》《国家艺术基金资助项目经费管理办法》等情形；

4. 项目主体有其他严重违法违纪行为。

十一、其他

（一）资助项目在实施过程中，应在相关场所和材料显著位置标注“彩票公益金资助——中国福利彩票和中国体育彩票”和“国家艺术基金资助”标识。

（二）艺术基金对项目主体在项目申报、实施过程中与第三方产生的纠纷不承担任何责任。

（三）管理中心对本指南拥有最终解释权。

（四）本指南自发布之日起实施。

国家艺术基金
（一般项目）
2024 年度青年艺术创作人才
资助项目申报指南

国家艺术基金（一般项目）2024年度青年艺术创作人才资助项目申报指南

国家艺术基金面向社会受理青年艺术创作人才资助项目的申报，组织专家评审，确定资助项目和资助额度，并实施监管。

根据《国家艺术基金章程》《中央专项彩票公益金支持国家艺术基金项目资金管理办法》，结合《国家艺术基金项目资助管理办法》等文件，制定本指南。

一、资助要求

本项目资助坚持以习近平新时代中国特色社会主义思想为指导，深入贯彻落实党的二十大精神，坚持为人民服务、为社会主义服务，坚持百花齐放、百家争鸣，坚持创造性转化、创新性发展，坚定不移听党话、跟党走，怀抱梦想又脚踏实地，敢想敢为又善作善成，坚守艺术理想，追求德艺双馨，讲品位、讲格调、讲责任，努力多创新、出精品，勇于挑大梁、当主角的青年文艺工作者。

重点资助在本专业、本领域已取得一定成绩，具有较大社会影响力、号召力的青年艺术创作和文艺评论工作者；思想进步、富于才华但尚在成长、发展期，给予支持有望成长为优秀人才的青年艺术创作和文艺评论工作者。

二、资助范围

（一）戏剧编剧、曲本作者；

（二）音乐作曲；

（三）舞蹈、舞剧编导；

（四）舞台艺术表演；

（五）美术、书法、摄影创作；

（六）工艺美术创作；

（七）舞台艺术、美术、书法、摄影和工艺美术文艺评论。

三、申请额度

（一）申请资助资金的额度不超过 10 万元。

（二）艺术基金依据申报项目的艺术门类、规模体量、成本投入等因素，同时参考项目申报主体制定的项目预算核定资助资金。

四、资助方式

艺术基金对立项资助项目，将先期拨付资助资金总额的 50%；项目完成并验收合格后，拨付剩余 50% 的资助资金。资助资金主要用于创作采风、资料收集、材料购置和作品录音录像、包装运输、展览演出、结集出版等与创作有关的支出。

五、申报条件

（一）本项目的项目申报主体为个人，其应同时具备以下条件：

1. 户籍要求（符合其中 1 条即可）：

（1）具有中华人民共和国内地（大陆）户籍；获得香港特别行政区、澳门特别行政区永久性居民身份的中国公民。

（2）受聘、就读于大陆艺术机构、单位或高等院校的台湾地区文艺工作者。

2. 年龄不超过 40 周岁（1983 年 4 月 30 日以后出生）。

3. 由本人工作单位出具推荐意见，或者由所在领域不少于 3 位具有副高级及以上职称的专家或知名人士出具推荐意见；受聘、就读于大陆艺术机构、单位或高等院校的台湾地区青年文艺工作者应由其受聘、就读艺术机构、单位或高等院校出具推荐意见。

（二）每个项目申报主体可申报 1 项青年艺术创作人才资助项目。

（三）已获得“国家艺术基金青年艺术创作人才资助项目”的项目主体，不能重复申报本项目；已获得“国家艺术基金美术创作资助项目”的项目主体，在立项项目尚未提交结项验收前，不能申报本项目。

六、申报时间

本项目从 2023 年 4 月 15 日起开始申报，至 6 月 15 日截止申报。国家艺术基金管理中心（以下简称“管理中心”）在申报期内受理项目申报，并提供相关咨询服务，逾期不予受理。

七、申报程序

（一）项目申报主体在规定的申报受理期内，通过国家艺术基金网站（http://www.cnaf.cn），登录“国家艺术基金资助项目管理系统”，按要求填写《国家艺术基金（一般项目）2024 年度青年艺术创作人才资助项目申报表》，上传申报材料。

（二）管理中心自申请截止之日起 30 日内，完成对申报项目的审核。符合相关规定的予以受理；不符合相关规定的，不予受理并通知项目申报主体。

（三）对项目申报主体提交的申报材料，管理中心按规定管理，并根据工作需要使用。

八、申报材料

（一）《国家艺术基金（一般项目）2024 年度青年艺术创作人才资助项目申报表》。

（二）内地（大陆）项目申报主体须提交身份证；港澳特区项目申报主体须提交港澳永久性居民身份和中国公民身份的证明；台湾地区项目申报主体须提交台湾居民来往大陆通行证或台湾居民居住证。

（三）台湾地区项目申报主体须提交与受聘艺术机构、单位签订的聘用合同或就读院校学生证。

（四）项目申报主体曾在本领域获得专业奖项或参加过展览、演出活动的，须提交获奖、参展、参演证书。

（五）申报凡涉及党和国家领导人，涉及中国共产党历史、中华人民共和国历史、中国人民解放军历史上重大事件、重要人物和重大决策过程的题材或较多地涉及民族宗教内容的项目，须提供省级文化和旅游行政部门的审读意见。

（六）项目申报主体已经获得或正在申请其他财政性资金、基金支持以及第三方资助的，须提供相应的批准文件或申报材料。

（七）申报戏剧编剧、曲本作者项目，须提交项目申报主体曾创作完成的作品 2 至 3 部剧本、曲本和申报项目的创作构思、故事梗概。

（八）申报音乐作曲项目，须提交项目申报主体曾创作完成的作品 2 至 3 部乐谱、音频或视频文件和申报项目的艺术构思、音乐小样及其乐谱。

（九）申报舞蹈、舞剧编导项目，须提交项目申报主体曾编导创作的作品 2 至 3 部视频文件和申报项目的创作构思。

（十）申报舞台艺术表演项目，须提交项目申报主体曾演出的舞台艺术作品 2 至 3 部视频文件，其中至少有 1 部为本人单独表演的、不超过 15 分钟的作品，以及申报项目的创作构思或部分彩排视频。

（十一）申报美术、书法、摄影和工艺美术创作项目，须提交项目申报主体曾创作完成作品的照片 5 至 10 幅和申报项目的构思草图、初稿或作品小样的照片。

（十二）申报舞台艺术、美术、书法、摄影和工艺美术文艺评论项目，须提交项目申报主体撰写且公开发表的 2 至 3 篇评论文章和申报项目的研究内容、基本思路。

（十三）申报材料应于 2023 年 6 月 15 日前通过网络提交，管理中心不接受纸质申报材料。作为附件上传的辅助材料，图片应采用扫描的方式形成，视频应完整清晰，可识别度高。

九、签约实施

（一）确定申报项目为立项资助项目后，管理中心将与项目申报主体签订《国家艺术基金资助项目协议书》。《国家艺术基金（一般项目）2024 年度青年艺术创作人才资助项目申报表》作为协议书附件，具有同等约束力。

（二）申报项目立项后，项目主体视为同意按照艺术基金安排，参加艺术基金组织的出版、演出、展览、演播和研讨等宣传推广活动，并将全部项目成果的展览权、放映权、广播权和信息网络传播权等与成果运用相关的著作权以非专有使用许可的方式授予管理中心。

十、监督验收

（一）资助项目应于 2025 年 6 月 30 日前提交完整的成果材料，参加结项验收。如确需延期完成，必须于 2025 年 4 月 30 日前以书面形式向管理中心提出申请，获得批准后方可延期。延期时间不得超过 1 年，逾期按相关办法做终止处理。

（二）资助项目申请结项验收时，须提交完整作品。

1. 戏剧编剧、曲本作者项目须提交完整的戏剧剧本、曲艺曲本。

2. 音乐作曲项目须提交完整的音乐作品乐谱、音频或视频。

3. 舞蹈编导项目须提交完整的舞蹈作品视频；舞剧编导项目须提交完整的舞剧作品或其中一幕的视频。

4. 舞台艺术表演项目须提交完整的个人演出视频。

5. 美术、书法、摄影创作项目须提交完整创作作品，其中，中国画、油画、水彩（粉）画作品单幅不小于 1.5 × 1.5 米；版画作品单幅不小于 1 × 1 米；雕塑作品单件最长边不小于 1.2 米，应为硬质材料；书法作品单件不小于 1 × 1.8 米；篆刻作品单件不小于 0.035 × 0.035 米；摄影作品单幅不小于 20 寸（0.4 × 0.5 米），应用专业级相纸打印。

6. 工艺美术创作项目须提交完整的创作作品。

7. 舞台艺术、美术、书法、摄影和工艺美术文艺评论项目须提交撰写的评论文章。

（三）管理中心将按照《国家艺术基金资助项目监督管理办法》，对资助项目实施情况进行监督，并组织专家对资助项目进行结项验收。

（四）项目主体要保证申报项目在申报及后续实施过程中均不侵犯任何第三方

的著作权及其他合法权益。如有侵犯，项目主体依法承担全部责任。

（五）项目主体违反《国家艺术基金章程》及艺术基金其他有关管理规定的，管理中心给予通报批评，并追究责任人相关责任。有下列情形之一的，报国家艺术基金理事会批准后追回已拨资金，并暂停项目主体 3 年以上申报资格，涉嫌违法违纪的移交有关部门处理：

1. 项目主体在项目实施过程中，侵犯任何第三方的著作权及其他合法权益；

2. 项目实施内容、经费支出、结项成果等与《国家艺术基金资助项目协议书》的约定存在重大差异；

3. 项目主体存在其他弄虚作假、挪用资助资金、违反《国家艺术基金项目资助管理办法》《国家艺术基金资助项目经费管理办法》等情形；

4. 项目主体有其他严重违法违纪行为。

十一、其他

（一）资助项目结项验收前，未经管理中心书面同意，项目主体不得以国家艺术基金资助项目的名义安排资助项目作品的出版、演出、展览以及出售、捐赠资助项目的作品。结项验收合格后，方可开展上述活动并应在相关场所和材料显著位置标注“彩票公益金资助——中国福利彩票和中国体育彩票”和“国家艺术基金资助”标识。

（二）艺术基金对项目主体在项目申报、实施过程中与第三方产生的纠纷不承担任何责任。

（三）管理中心对本指南拥有最终解释权。

（四）本指南自发布之日起实施。

后 记

党的二十大提出："坚持以人民为中心的创作导向，推出更多增强人民精神力量的优秀作品，培育造就大批德艺双馨的文学艺术家和规模宏大的文化文艺人才队伍。"对新时代文艺事业发展做出了战略部署，也为国家艺术基金指明了工作方向。

为进一步学习贯彻落实党的二十大精神，国家艺术基金将与全国艺术机构、单位和文艺工作者一道，坚持党对文艺工作的领导，坚持与时代同步伐，坚持以人民为中心的工作导向，坚持把提高质量作为文艺作品的生命线，以实现高质量发展为目标，立足新发展阶段、贯彻新发展理念、融入新发展格局，坚持"公益性"，定位"国家级"，树立"大局观"，瞄准"出精品"，着力"育人才"，尊重和遵循文艺规律，不断深化资助体系、资助方式、管理方式和成果运用改革，更好地发挥引领示范带动作用，为推动文艺事业高质量发展，提高国家文化软实力，建设社会主义文化强国努力奋斗。

最后，感谢各级文化和旅游行政部门的正确领导和积极支持，感谢各类艺术机构、单位和文艺工作者的热情参与，感谢本书收录申报材料创作者的辛劳付出，感谢文化艺术出版社的大力支持！

因时间匆促，在整理书稿的过程中难免有所疏漏，不当之处，请读者批评指正。感激之言不足示敬。